Hermann Deuser

Religion: Kosmologie und Evolution

Hermann Deuser

Religion: Kosmologie und Evolution

Sieben religionsphilosophische Essays

Mohr Siebeck

Hermann Deuser, geboren 1946; Studium der Ev. Theologie, Philosophie und Germanistik in Frankfurt am Main, Marburg, Tübingen; 1973 Promotion; 1978 Habilitation; Prof. em. für Systematische Theologie und Religionsphilosophie an der Goethe-Universität Frankfurt am Main; seit 2008 Fellow am Max-Weber-Kolleg der Universität Erfurt.

Gedruckt mit Unterstützung der Gerda Henkel Stiftung, Düsseldorf.

ISBN 978-3-16-153309-9

Die Deutsche Nationalbibliothek verzeichnet diese Publikation in der Deutschen Nationalbibliographie; detaillierte bibliographische Daten sind im Internet über *http://dnb.dnb.de* abrufbar.

Das Buch wurde von Christian Scherer in Erfurt aus der Minion Pro gesetzt, von Gulde-Druck in Tübingen auf alterungsbeständiges Werkdruckpapier gedruckt und von der Buchbinderei Nädele in Nehren gebunden.

Vorwort

The most important consequence of the relevance specifically of natural science to theology is that the framing metaphysical symbols of theology are as extensive *as the cosmos imagined by astrophysics and as* intensive *in feeling the embeddedness of human life in nature as imagined by the physics of biochemistry and ecology.*[1]

Heute wird das Higgs-Elementarteilchen gern auch ›Gottesteilchen‹ genannt, und seit den Experimenten und ihrer Auswertung am Teilchenbeschleuniger in Genf 2012/13 wissen wir, dass es existiert. Gibt es also doch einen lange verschwiegenen und nur in humorvoller Andeutung zugänglichen Zusammenhang zwischen physikalischer Kosmologie und religiöser Schöpfungsvorstellung? Noch vor fünfzig Jahren erschien es mir irgendwie konsequent, dass mein Physiklehrer mich fachlich nicht mehr recht ernst nahm, nachdem er von meinen Studienplänen (Theologie!) gehört hatte; und ein ›Gottesteilchen‹ wäre bei ihm nicht einmal als schlechter Scherz durchgegangen. Für mich dagegen war das, was als physikalisches Weltbild vermittelt wurde, oder ein Unterrichtsprojekt ›Evolution‹ genauso selbstverständlich wie eine existentielle Religiosität. Das Gemeinsame bestand aber wohl in den mehr oder weniger bewussten Grenzlinien, in einem unbegriffenen Zugleich von Parallelwelten, in denen man sich eingerichtet hatte: Naturwissenschaft ist faktisch atheistisch, Geist etwas ganz

---

[1] R.C. Neville, *Ultimates. Philosophical Theology*, Bd. 1, Albany 2013, 19.

anderes als Natur, und Religiosität muss sich im öffentlichen bzw. wissenschaftlichen Raum eher entschuldigen. Hat sich das inzwischen geändert?

Auf der einen Seite gibt es eine Gruppe von naturwissenschaftlich orientierten Philosophen, die mit neuer Emphase und bekenntnishaft *Atheismus* proklamieren, gewissermaßen als Pflicht aufgrund alles dessen, was wir wissenschaftlich heute wissen müssen, worüber wir nichts wissen können und woran bloß zu ›glauben‹ unzumutbar erscheint. Gerhard Vollmer sammelt diese Richtung unter der Fahne eines *Naturalismus* – in einem Frage-Antwort-Text, der eigentlich direkt als »Katechismus« konzipiert war und jetzt zwar nur noch mit »Gretchenfragen an den Naturalisten« überschrieben ist, der aber, wie bei klassischen Bekenntnistexten üblich, am Schluss auch eine Auflistung der verworfenen Lehren enthält: »Para- und Pseudowissenschaften«.[2] Klar ist ebenfalls von Beginn an, dass ›Religionen‹ dem hohen Standard dieser Wissenschaftsauffassung nicht entsprechen können, ihnen wird generell der Anspruch auf Unfehlbarkeit, d.h. Unvermögen zum wissenschaftsgemäßen Fallibilismus unterstellt, und die ›Existenz‹ eines Gottes wird behandelt, als ginge es um den Nachweis einer Gespensterwelt[3] – der gegenüber die ausschließlich natürlichen Lebensverhältnisse allerdings vorzuziehen sind.

Auf der anderen Seite steht nun gerade nicht ein religiöses Bekenntnis contra Wissenschaften (und der sogenannte ›Kreationismus‹, solange er sich so darstellt, ist ein peinliches Missverständnis[4]), sondern die Vielfalt von Vermittlungsver-

---

[2] G. Vollmer, »Gretchenfragen an den Naturalisten«, *Philosophia Naturalis* 49 (2012), 239–291; vgl. hier 240, 285–287.

[3] Vgl. ebd., 240, 279–281.

[4] Zur ernsthaften Diskussion des Neo-Kreationismus vgl. R. Hillerbrand, »Von Mausefallen und Designern oder: Warum der Kreationismus keine wissenschaftliche Alternative zur Evolutionstheorie bietet«, in: P. Kolmer / K. Köchy (Hg.), *Gott und Natur. Philosophische Positionen*

suchen im Wissenschaftsbegriff, die die Lebenswelt aus sich ergänzenden Sichtweisen von Geistes- und Naturwissenschaften zu verstehen suchen – und so auch Phänomenen unter dem Stichwort *Religion* gerecht werden können. Profilierte Basisbegründungen für diesen Ansatz finden sich jetzt selbst von Seiten der (analytischen) Philosophie, exemplarisch vertreten durch die wissenschaftstheoretische Fundamentalkritik eines sich selbst atheistisch verstehenden Autors: Thomas Nagel. Dass das »materialistische neodarwinistische« Weltbild falsch sein könnte, jedenfalls kein Anlass zu seiner bekenntnishaften Apologie besteht, das wird in nüchternen Argumentationen vorgelegt, getragen von der Gewissheit eines lebensweltlichen Common Sense.[5] Naturalismus, Materialismus oder physikalischer Reduktionismus beruhen nämlich auf der niemals wirklich nachgewiesenen Voraussetzung, dass alles ›Geistige‹ letztendlich durch bekannte Gesetzmäßigkeiten aus Physik, Chemie und Biologie eine hinreichende Erklärung finden wird; und diese Voraussetzung beruht ihrerseits auf der neuzeitlichen Vorentscheidung (seit 1600), dass alles ›Geistige‹ vom mathematisierbaren Realitätszugang strikt zu unterscheiden sei. Wo diese letztere Sicht der Realität triumphiert, kommt es schnell zum Übergriff auf alles andere, was bis dahin noch von der vollständigen Objektivierbarkeit ausgeschlossen war: »Der Materialismus ist der Auffassung, dass nur die physikalische Welt irreduzibel real ist und dass in ihr

---

zum aktuellen Streit um die Evolutionstheorie, Freiburg–München 2011, 96–130; zu einer eher entspannten Diskussion des Darwinismus vgl. M. Blume, *Evolution und Gottesfrage. Charles Darwin als Theologe*, Freiburg im Breisgau 2013.

[5] T. Nagel, *Geist und Kosmos. Warum die materialistische neodarwinistische Konzeption der Natur so gut wie sicher falsch ist*, Berlin 2013. Was wissenschaftstheoretisch und weltanschaulich auf dem Spiel steht, illustriert in dramatischen Dialogen mit verteilten Rollen M. Hampe, *Tunguska oder das Ende der Natur* (2011), München 2014.

ein Platz für den Geist gefunden werden muss, falls es denn so etwas gibt.«[6]

Nagel zeigt an den unbestreitbaren Phänomenen *Bewusstsein*, *Kognition* (Vernunft) und *Wert* (Werturteil), dass in der reduktionistischen Erklärung das Selbsterleben dieser Fähigkeiten nicht vorkommen kann, dass eine evolutionistische Erklärung sich in dem Zirkelproblem verfängt, sich selbst miterklären zu müssen, und dass weder die Entstehung von Leben noch das typisch menschliche Rekurrieren auf Vernunftgründe und Werturteile bislang durch Zufall bzw. Selektionsvorteile angemessen verständlich gemacht werden können.

(1) Bewusstsein, das subjektive »Erleben« von Qualitäten in der Perspektive der »ersten Person«, ist nicht identisch mit messbaren »Verhaltensreaktionen«; zwar gibt es kein bewusstes Erleben ohne leibliche, evolutionistisch beschreibbare Prozesse, aber »warum dies so ist«, bleibt unerklärt;[7] und auch der »Monismus«, der in der elementaren Materie Eigenschaften annehmen muss, die evolutionär späteres geistiges Erleben möglich machen, bleibt bislang ohne eine Vorstellung, wie das konkret fassbar sein sollte.[8]

(2) Dass es unter den gegebenen Bedingungen der Physik (als Basiswissenschaft) bzw. der Evolutionsbiologie gerade keine »Theorie von allem«[9] geben kann, zeigt sich erst recht an der Vernunftbegabung des Menschen, die ihn Objektivität überhaupt erst erkennen lässt.[10] Zwar mag diese Leistung ei-

---

[6] NAGEL, *Geist und Kosmos*, 58. Vgl. die ganz entsprechende Darstellung (im Blick auf Descartes) bei NEVILLE, *Ultimates*, 53.

[7] NAGEL, *Geist und Kosmos*, 60, 71. Vollmers Naturalismus räumt seinerseits dieses Erklärungsdefizit ein, hält aber trotzdem am reduktionistischen Denkmodell für mögliche künftige Lösungen des »›Welträtsels‹ Bewusstsein« fest; vgl. VOLLMER, »Gretchenfragen«, 274.

[8] NAGEL, *Geist und Kosmos*, 93.

[9] Ebd., 65; vgl. 125.

[10] Ebd., 106.

nen evolutionären Vorteil ergeben, jede solche Erklärung muss aber dieselbe Vernunft schon voraussetzen;[11] und nicht zuletzt müsste die Fähigkeit der Vernunft, unter Berufung auf Gründe sich selbst zu kontrollieren, materialistisch verstanden werden können, was ausgeschlossen erscheint.[12]

(3) Schließlich müssten menschliche Handlungssituationen, in denen Entscheidungen aufgrund von Werturteilen getroffen werden, erklärt werden können. Sollen diese nicht bloß subjektiv abgeleitet, sondern realistisch gesehen werden, also den »Tatsachen« entsprechend »für sich genommen wahr sein können«,[13] dann »muss eine darwinistische Darstellung der Motive, die unserer moralischen Urteilskraft zugrunde liegen, [...] falsch sein«;[14] und das führt auf die (eigentlich metaphysische) Frage (die das darwinistische Modell aber gar nicht interessiert), ob es eine »geistunabhängige moralische Wahrheit zu entdecken« gebe.[15]

Summa: Der rein naturwissenschaftlich orientierte Naturalismus ist defizitär und taugt nicht für eine umfassende Weltanschauung. Was fehlt, könnte bislang nur durch die ganz unbefriedigende Vorstellung bloßer Zufallswelten, eine geheime Intentionalität (für Nagel: das theistische Modell) oder irgendeine Form von Teleologie aufgefangen werden. Nagel wählt mit aller Vorsicht und Offenheit Letztere: »Die teleologische Hypothese lautet, dass diese Dinge vielleicht nicht allein von wertfreier Chemie und Physik festgelegt werden, sondern außerdem noch von etwas anderem, nämlich einer kosmischen

[11] Ebd., 118.

[12] Ebd., 123.

[13] Ebd., 147 f.

[14] Ebd., 152.

[15] Ebd., 154. Nagel selbst will allerdings eine Werturteilsmetaphysik möglichst vermeiden; vgl. ebd., 145–147. Vollmers Naturalismus auf der anderen Seite bleibt konsequent und hält fest: »objektiven Sinn *gibt es nicht*«; VOLLMER, »Gretchenfragen«, 271.

Prädisposition für die Schaffung von Leben, Bewusstsein und Wert [...].«[16]

Wird diese Ausgangslage heute akzeptiert, sollte auch die Bedeutung von Religion und Religiosität in neuem Licht erscheinen können, zumal dann, wenn die wissenschaftstheoretischen Entwicklungen in Theologie und Religionsphilosophie der letzten 200 Jahre nicht missachtet werden. Die folgenden Essays wollen dafür Beispiele geben und damit die Existenz einer neuen Gesprächskonstellation nachweisen, wie sie längst auch in der öffentlichen Diskussion hätte präsent sein können und sollen. Ein tragfähiges, wissenschaftlich wie lebensweltlich verantwortetes Zusammenspiel der Elemente Religion, Kosmologie und Evolution erscheint jedenfalls nicht nur möglich, sondern auch naheliegend und hilfreich.

Dass diese Essaysammlung in der kleinen weißen Reihe erscheinen kann, dafür danke ich Henning Ziebritzki und dem Verlag Mohr Siebeck. In Erfurt habe ich Ursula Birtel-Koltes und Markus Kleinert für die immer perfekte Zusammenarbeit zu danken – und Christian Scherer für die kompetente Editionsarbeit an den Texten. Dem Verlag De Gruyter und Fordham University Press danke ich für die Wiederabdruckrechte einzelner Titel, wie in den »Nachweisen« am Ende aufgeführt.

Gewidmet sei das Buch Hans Joas mit herzlichem Dank für die Jahre am Max-Weber-Kolleg in der Erkundung zeitgemäßer Chancen pragmatistischen Denkens.

Erfurt, im Februar 2014 *Hermann Deuser*

---

[16] NAGEL, *Geist und Kosmos*, 176; zur Diskussion der drei Modellvorstellungen vgl. ebd., 129, 133–135, 173 u. ö.

Inhalt

1

Warum haben nur Menschen Religion? Über Zeichen der Evolution, Bilder der Kultur und Symbole des Geistes*

I. Evolution und Emergenz

Die Frage, ob nur Menschen religiös sein können, ist nicht so trivial, wie sie auf den ersten Blick erscheint. Denn das inzwischen umfassend gültige Denkmodell der Evolution hat u. a. die Grenzen zwischen Tier- und Menschwelt fließend erscheinen lassen. Warum also, wenn Menschen ›Religion haben‹, kann das nicht zumindest auch für Vorläuferformen bei Tieren gelten? Könnten wir uns, wenn nicht Schildkröten, so doch Primaten vorstellen, die ritualisiert feiern, Ehrfurcht ausdrücken oder meditieren? Was geben Elefanten zum Ausdruck, was empfinden sie, wenn ein Mitglied ihrer Herde geboren wird oder stirbt und eine Gruppe der Tiere, offensichtlich berührt von dieser radikalen Unterbrechung des Gewöhnlichen, plötzlich innehält?

Natur und Kultur evolutionistisch zu verstehen bedeutet, Zufallsproduktivität und selektiv wirkende Regelsysteme so miteinander verbunden zu denken, dass die Durchsetzungsfähigkeit bestimmter Erscheinungen (Pflanzen- und Tierarten, Verhaltensweisen, Ereignisse) im Entwicklungsprozess erklärt oder jedenfalls beschrieben werden kann. Was allerdings phy-

---

* Die Arbeit an diesem Essay wurde ermöglicht während meiner Zeit als Fellow am *Swedish Collegium for Advanced Study*, Uppsala, im Frühjahr 2010.

sikalisch als Quantensprung plus mathematische Formel, biologisch als genetische Mutation plus Vererbung gefasst werden kann, lässt sich kulturell gesehen nicht so einfach, nicht so direkt, vielleicht niemals wirklich gesetzmäßig verstehen. Trotzdem erscheint das Denkmodell anwendbar: Was einmal entstanden ist, sich anpassen kann und zahlreiche Nachkommen hat, wird sich durchsetzen – anderes eher nicht. Dabei kann zunächst offenbleiben, ob es sich hier um einen Kausalzusammenhang handelt, der quasi mechanisch funktioniert und also deterministisch verstanden werden muss, oder ob hier zielaktive, intentionale, d. h. teleologische Elemente im Spiel sind, die dann einen strikten Determinismus ausschließen.

Mit der Frage nach Religion hat das alles insofern zu tun, als neuerdings Religion nicht mehr (physikalisch oder biologisch gesehen) rundweg als bloße Illusion – und (evolutionistische) Wissenschaft demgegenüber als faktenbezogen und deshalb allein wahr ausgegeben werden; nein, Religion ist selbst Gegenstand für evolutionistische Beschreibungen bzw. Erklärungen geworden. Die Frage ist dann also an erster Stelle nicht mehr, ob es Religion überhaupt geben darf, ob sie also durch wissenschaftliche Erklärungen sozusagen automatisch wegerklärt wird. Dass es Religion in den naturalen wie kulturellen Entwicklungen des Menschen gibt, kann und muss vielmehr vorausgesetzt werden, und die neuen Fragen lauten:[1] Ist Religion

---

[1] Vgl. G. Hartung, »Religionsanthropologie«, Manuskript, Heidelberg 2010. – Schon Charles Darwin hielt es für eine »Tatsache«, dass eine große Zahl von »Gemütsbewegungen« Tieren und Menschen offensichtlich gemeinsam und zumindest vergleichbar seien, darunter auch »Gewissensbisse« – und damit die Verhaltensgewohnheiten von »Religion« und »Aberglaube«; vgl. Ch. Darwin, »Abstammung des Menschen« (1871), in: J. Voss (Hg.), *Charles Darwin. Das Lesebuch*, Frankfurt am Main 2008, 252–254, 279, 281, 289; vgl. auch K. Köchy, »Natur und Kultur in der Evolution«, in: V. Gerhardt / J. Nida-Rümelin (Hg.), *Evolution in Natur und Kultur*, Berlin–New York 2010, 39–58, hier 46.

ein notwendiges, z. B. genetisch vorgegebenes Element in der Evolution des Menschen, für Anpassungsprozesse ein Überlebensvorteil, für die gesellschaftlich produktive Funktion von Sinnsystemen bei Individuen und Gruppen unumgänglich etc. – und das alles kann, an zweiter Stelle, sowohl religionskritisch ausgelegt als auch religionsapologetisch genutzt werden.

Evolutionistisches Denken liefert heute eine Fülle von Perspektiven und Differenzierungen in der Betrachtung von Religion, und daraus soll hier nur ein heftig diskutiertes Grundproblem herausgegriffen, in seiner gängigen Alternativbildung genauer bestimmt und möglichst überwunden werden: Ist evolutionistisches Denken von sich aus naturalistisch in dem Sinne, dass tendenziell alle geistigen Phänomene eine exklusiv empirische Erklärung finden und folglich ihre Eigenständigkeit verlieren? Oder lässt sich im Evolutionsmodell selbst zeigen, dass und wie Religiosität – und damit die kulturgeschichtlich bekannte Welt der Religionen – notwendig ist, d. h. dass ohne sie ein anthropologisches bzw. ontologisch-kosmologisches Defizit auffallen müsste?

Die Naturwissenschaften der Moderne (seit 1600) erklären empirisch bestimmbare Ereignisse durch induktiv gewonnene Gesetzmäßigkeiten, d. h. das wiederholte und damit überprüfbare Auftreten von messbaren Größen wird in einen (mathematischen) Zusammenhang gebracht. Aus diesem wiederum lassen sich Prognosen für künftiges Auftreten derselben Phänomene errechnen, und die so erklärten Verbindungen von Ereignisfolgen sind kausal zu verstehen: Wenn bestimmte (verursachende) Bedingungen gelten, dann wird es zu entsprechenden Ereignissen kommen.

Auch wenn die Biologie, deren Gegenstände nicht auf der atomaren Ebene, sondern auf der von Molekülen bzw. lebendigen Organismen gefunden werden, nicht die gleiche mathematische Erfassbarkeit und Exaktheit wie die Physik erreichen kann, das kausal orientierte Denken bleibt maßgebend. Die evolutionistische, d.h. methodisch der Evolution verpflichtete Biologie befasst sich zwar mit zielgerichteten Prozessen des Lebendigen in Zeit und Raum, d.h. mit einem teleologischen Zusammenhang, der Spontaneität, Entscheidungen, Zielorientierungen einschließt – daraus folgt aber kein im Ganzen sinn- oder zielgerichtetes Erklärungsmodell. Im Gegenteil: Wenn Erklärungen für Verhalten und Entwicklungen gegeben werden, so sind es dem Ideal nach kausale: Die Vielfalt der Arten erklärt sich nicht aus dem Lebens- oder Veränderungswillen der betreffenden Spezies oder gar aus einem Plan in der Natur überhaupt bzw. einer Schöpfung übernatürlicher Herkunft, sondern allein aus Mutation (auf der Ebene von DNA-Strukturen) und selektiv wirkenden Anpassungsbedingungen. Auch wenn hier Prognosen schwierig sind, weil die Vielfalt der Bedingungen unüberschaubar bleibt, rückwärts gesehen sind kausale Zusammenhänge herzustellen, die das Geheimnis der Artenentstehung nachträglich entschlüsseln. Sind damit aber auch die offensichtlichen Sinnzusammenhänge der Natur kausal vollständig erklärt?

Nehmen wir als Beispiel das menschliche Herz. An erster Stelle, dem kann sich bis heute kein unvoreingenommener Betrachter entziehen, ist es einfach erstaunlich, ja doch ein Wunder, dass es dieses Organ im Blutkreislauf überhaupt gibt, dass ich selbst ein solches habe und dass das, was wir für Menschen und bestimmte Tierarten gleichermaßen *Leben* nennen, in diesem Herzblut seine Vitalbedingung anschaulich macht. Dass es liebende Herzen, gebrochene Herzen und viele ähnliche starke Metaphern zur Beschreibung von Gefühlsintensitäten gibt, belegt nur diese unübersehbare Eindrücklichkeit des *Herzens*. Ganz anders im medizinischen Umgang mit demselben Organ. Spätestens seit es Herztransplantationen gibt, steht die Organfunktion im Zentrum, damit auch die Austauschbarkeit, Reparaturmöglichkeit und materiell-empirische Stofflichkeit des Herz-Kreislaufsystems, das sogar zeitweise von körperexternen Maschinen übernommen oder von eingebauten ›Schrittmachern‹ optimiert werden kann.

Der eklatante Widerspruch zwischen diesen beiden Gebrauchs- und Verständnisformen von *Herz* wird nicht gemildert, aber auf dritter Ebene eingeholt, wenn es um die Symbolkraft desselben Wortes geht. Symbole sind nicht beliebige Vereinbarungen, sondern müssen unter Voraussetzung und Weitergeltung der empirischen und metaphorischen Verwendung diese in einem eigenen Verstehensakt verallgemeinern können: *Herz* steht dann zu Recht für das Lebens- und Personzentrum, für Entscheidungsfähigkeit und Mut, Emotionskräfte und Liebesbeziehungen etc. Es ist überwältigend zu sehen, wie dieses Gesamt von Gefühl, Organ und Symbolik des Herzens gerade von einem Herzchirurgen stimmig zum Ausdruck gebracht werden kann:

> [Das Herz ist] ein unglaublich faszinierendes Organ. Es ist wunderschön, von außen und von innen. Es hat eine innere Architektur. [...] Auch wenn das wissenschaftlich nicht stimmt: Emotional ist das Herz, wo das Leben liegt. [...] Wenn man es berührt, gibt es zwei, drei Schläge mehr. Und man denkt, Respekt vor diesem Organ. [...]
>
> Dieses Wunder, dass ein Herz nach der Operation wieder schlägt, kann nur die Natur vollbringen.[2]

Und wie könnte all dies, die reale Symbolkraft des Herzens, als bloße Folgeillusion aus den evolutionistisch erklärbaren Bedingungen (neuronaler) Gehirnaktivitäten hingestellt werden? Wäre eine solche Erklärung nicht eine unzulässige Reduktion, d.h. eine vereinfachte Rückbeziehung auf eine rein naturalistische Basis, die weder das Selbsterleben noch die reale Symbolwirkung je angemessen wird erfassen, abdecken oder gar erklären können? In einem treffenden Beispiel gesagt: »Es heißt nicht umsonst, Du sollst Deinen Nächsten lieben – und

---

[2] »Herzchirurgie. Interview mit René Prêtre«, *Chrismon plus. Das evangelische Magazin* 8 (2010), 64–69, hier 67, 69.

nicht, Du sollst die Gene Deines Nachbarn oder ein Gehirn in Deiner Nachbarschaft lieben.«[3]

Wenn es aber mehr gibt als die nur empirisch abgrenzbare und deshalb naturwissenschaftlich fassbare Gegenstandsebene – nämlich auch die nicht-reduzierbare Erfahrung von primärer Gefühlsqualität und die Wirksamkeit von Symbolzusammenhängen[4] (wie z.B. in der menschlichen Sprache) –, dann muss im Prozess der Evolution das auch angelegt und realisiert worden sein, was all jenes ermöglicht hat. Solche Annahmen im Blick auf Ordnungsstrukturen und Verstehbarkeit bereits der kosmischen, also der vorbiologischen Natur erscheinen naheliegend, obwohl die Rand- und Anfangsbedingungen schwer zu ermitteln sind. Fest steht, dass, evolutionistisch gedacht, bestimmbare Bedingungen erfüllt sein mussten, damit es überhaupt zur wissenschaftlichen Beobachtung derselben Naturprozesse durch Menschen hat kommen können – was z.B. Entwicklungsmöglichkeiten für Kohlenstoff in einem Zeitraum von zehn Milliarden Jahren voraussetzt.[5] In diesem

---

3 A. Lyssy, »Darwin, Gott und Neurotheologie. Was können uns die Biowissenschaften über die Religion sagen?«, in: Chr. Asmuth / K. Drilo (Hg.), *Der Eine oder der Andere. »Gott« in der klassischen deutschen Philosophie und im Denken der Gegenwart*, Tübingen 2010, 239–253, hier 249 (als Beispiel für den mereologischen Fehlschluss); vgl. ebd., 250, das Beispiel der Mathematik (in Analogie zum Reduktionismus in Sachen Religion), die niemand deshalb für überflüssig erklärte, wenn ihre neurologischen Basisfunktionen im Gehirn aufgedeckt würden.

4 Vgl. C.S. Peirce, *Vorlesungen über Pragmatismus*, hg. von E. Walther, Hamburg 1991, IV. Vorlesung.

5 Vgl. J.D. Barrow, *Das 1×1 des Universums. Neue Erkenntnisse über die Naturkonstanten*, Reinbek bei Hamburg 2006, 109; P. Clayton, *Emergenz und Bewusstsein. Evolutionärer Prozess und die Grenzen des Naturalismus*, Göttingen 2008, 172f. – Dieses hier kosmologisch gefasste, zirkelhafte Miterklären des Menschen lässt sich ganz analog auch anthropologisch formulieren; vgl. A. Thyen, »Grundzüge einer Anthropologie des Inter-Subjekts«, in: Gerhardt / Nida-Rümelin (Hg.), *Evolution*

Kontext von der ›Geschichte der Natur‹ zu sprechen impliziert, dass zumindest – wenn auch vage – Vorstellungen vom Anfang und einem davon unterscheidbaren Ende vorliegen. Diese sind vom empirisch erfassbaren Prozessverlauf dadurch kategorial unterschieden, dass sie einerseits Möglichkeitsfülle (einer kreativen Ursprünglichkeit) und andererseits Gesetzesform bzw. Regelhaftigkeit als real wirksam zum Ausdruck bringen, wie es in Mathematik, Naturphilosophie (Metaphysik) und Schöpfungstheologie bis heute vielfach belegt ist.

Der Begriff der *Emergenz* wird sowohl in den naturwissenschaftlichen wie in den naturphilosophischen und theologischen Diskussionen gerne eingesetzt, um die kritische Stelle des Auftauchens von Neuem in der Evolution zu bezeichnen, von Neuem nämlich, das zwar von bekannten Bedingungen abhängig ist, von diesen aber nicht vollständig hergeleitet werden kann – so wie ein Ganzes mehr ist als die bloße Summe seiner Teile. Als Beispiele, Natur und Kultur übergreifend, werden genannt: das Kristallieren zu Eis aus flüssigem Wasser, die Explosion aufgrund von Feuer und Pulver, die Gruppenbildung bei Zugvögeln im Verhältnis zu den Einzelexemplaren, das Erwachen des Bewusstseins beim Embryo, das Entstehen neuer Wörter und Bedeutungen in der menschlichen Sprache.[6] Natürlich bleibt der Begriff *Emergenz* umstritten, weil er in den genannten Einzelfällen und in den Einzelwissenschaften unterschiedlich gebraucht und verstanden wird und weil nicht zwingend erscheint, ob und wie der emergente Entwicklungssprung durch nicht-natürliche Ursachen erklärt werden

in Natur und Kultur, 261–289, hier 267; vgl. ebd., 277 f.: der Mensch, ein Lebewesen von einer »Bindungsfähigkeit«, »die sich von jeder anderen Bindung dadurch unterscheidet, dass sie die Fähigkeit der *Erklärung* dieser Bindungsfähigkeit mit einschließt«.

[6] Vgl. N. H. Gregersen, »Emergence. What Is at Stake for Religious Reflection«, in: P. Clayton / P. Davies (Hg.), *The Re-Emergence of Emergence*, Oxford 2006, 279–301, hier 279.

kann bzw. eine solche metaphysische, religiöse oder theologische Erklärung verlangt.[7]

Auch hier aber lässt sich festhalten, dass bei aller Akzeptanz des evolutionistischen Denkmodells für die rein naturalistischen, d.h. die exklusiv an die experimentierenden Naturwissenschaften gebundenen Erklärungen ein nur schwer oder gar nicht lösbares Problem bestehen bleibt: Das subjektive Bewusstsein bzw. die originale Eigenerfahrung der Dinge setzt offenbar noch etwas anderes voraus als das, was durch die experimentierend-berechnende Außenbeschreibung zugänglich gemacht werden kann: Ein Mensch, der sein Leben ausschließlich in einem schwarz-weißen Zimmer zubringt und zugleich alles über die neurophysiologischen Bedingungen der Farbwahrnehmung ›rot‹ weiß, hat gleichwohl genau diese Wahrnehmung noch nicht gemacht und wird, beim ersten Heraustreten aus dem Zimmer, genau dies erfahren und dann erst wissen, was es bedeutet.[8]

Auf der Basis dieser Unterscheidung müssen weitere Erfahrungsdimensionen einbezogen und die naturwissenschaftlichen Erklärungsmodelle – hier: Emergenz – dementsprechend flexibel konzipiert werden. Zusätzlich zur Unabdingbarkeit der je eigenen Wahrnehmung ist auch die jeweilige Wirksamkeit einer (noch) nicht empirischen, d. h. mentalen, ganzheitlichen, abwärtskausalen (*top-down* zusätzlich zur naturwissenschaftlich vorrangigen empirisch-induktiven *bottom-up*-Kausalverknüpfung[9]) oder kurz: geistigen Ebene anzuerkennen. Drei Komplexitätsstufen wären (nach Terrence Deacon[10]) zu unter-

---

[7] Vgl. die »fünf verschiedenen Bedeutungen von Emergenz« in: Clayton, *Emergenz*, 50–52.

[8] Vgl. ebd., 134 f. (unter Berufung auf David Chalmers, Thomas Nagel und Frank Jackson).

[9] Vgl. zu dieser Interpretation von Emergenz und Supervenienz ebd., passim.

[10] Vgl. die Darstellung bei Gregersen, »Emergence«, 285 f. Vgl. auch

scheiden: (a) die einfachste Form von Emergenz, die z. B. bei Wasser auftritt, als H_2O bestimmt, das von seinen physikalischen Bedingungen sowohl abhängt wie ihnen gegenüber (in seiner Oberflächenspannung etc.) etwas Eigenes und Neues ist; (b) die komplexere Form von Emergenz, bei der Chaos und Ordnungssysteme umweltabhängig zusammenspielen, so wie z. B. Schneekristalle nicht nur von ihren physikalisch-chemischen Bedingungen, sondern auch vom Klima und von ihrer Entwicklungszeit abhängen; (c) die eigentliche evolutionäre Form von Emergenz, wie sie z. B. in lernfähigen genetischen Entwicklungsstrukturen vorliegt, deren Selbsttätigkeit das jeweils Neue realisiert.

In allen Fällen ist ein neues *Gesamt* weder aus seinen (notwendigen) Bedingungen kausal vollständig ableitbar, noch ist es selbst in seiner Wirksamkeit auf seine empirischen Daten reduzierbar. Was zusätzlich zählt, ist eine neue Gesetz- bzw. Regelhaftigkeit, die als solche nicht direkt zu sehen, wohl aber in ihrer Geltungskraft schon praktiziert wird und zu überprüfen ist: Wir können wissen, wie Wasser sich anfühlt und reagiert, wann und wie Schnee zu erwarten ist und nach welcher Logik Organismen sich selbst steuern und wachsen werden – und das alles spricht ganz entschieden dafür, erfahrungsgesättigtes, vernünftiges und lebensdienliches Erkennen nicht einfach mit den naturwissenschaftlichen Methoden und ihren Ergebnissen gleichzusetzen.[11] Ein umfassenderes, naturwissenschaftlich aber konkurrenzfähiges Denken wird dringend

T. W. Deacon, »The Hierarchic Logic of Emergence. Untangling the Interdependence of Evolution and Self-Organization«, in: B. H. Weber / D. J. Depew (Hg.), *Evolution and Learning*, Cambridge–London 2003, 273–308; zu Deacons These (*The Symbolic Species*) der evolutionären (emergenten) Semiotik vgl. die Übersicht in: T. W. Deacon, »Multilevel Selection in a Complex Adaptive System. The Problem of Language Origins«, in: ebd., 81–106.

[11] Vgl. das Fazit bei Clayton, *Emergenz*, 223.

gesucht, in dem dann auch eine unverkürzte Anthropologie und ein Verständnis für Religiosität zu erwarten wären.

Aus den genannten Gründen genügt es daher nicht, evolutionsbiologisch nachzuweisen, dass es ›religiöse‹ Gene, Anpassungsvorteile etc. gibt (oder nicht gibt), denn in diesen Fällen handelt es sich ja ausschließlich um Ergebnisse auf der exklusiv empirischen Ebene, die den komplexeren Erfahrungszusammenhang, wie gezeigt, in der Regel schon wissenschaftsmethodisch gar nicht mit in Betracht ziehen können. Um die Frage nach der Religion angemessen beantworten zu können, bedarf es also einer weitergehenden philosophisch-theologischen Diskussionsebene.

II. Pragmatismus: Glaube und Handeln

Der dreifach strukturierte Erfahrungszusammenhang – aus unüberspringbar qualitativer Wahrnehmung (z.B. ›rot‹), empirischer Messbarkeit (im Rahmen experimenteller Wissenschaften) und realer Wirksamkeit auf der Ebene regelhafter Verallgemeinerung (traditionell: Realität des Geistigen; evolutionistisch: Emergenz) – wird nur dann ungeschmälert zum Ausdruck gebracht, wenn nicht mehr die neuzeitlich für die Wissenschaften bestimmende Dualität von einerseits bloß subjektiver Erfahrungsinnerlichkeit und andererseits objektiver und damit erst streng ›wissenschaftlicher‹ Faktenwirklichkeit regiert.[12] *Erfahrung* ist vorrangig und unabdingbar dreifach, wie beschrieben, und deshalb ist es ganz und gar unnötig, um der Religion willen den modernen Erfahrungs-

[12] Das Grundproblem der (evolutionistischen) Anthropologie lässt sich dann so formulieren: der Mensch als Frage, »deren Subjekt und Objekt zusammenfallen und doch nicht zusammenfallen können, weil sich ansonsten die Frage gar nicht stellen ließe«; vgl. THYEN, »Grundzüge«, 261.

begriff auszublenden oder einen ganz anderen – transzendenten, supranaturalen – Wirklichkeitsbegriff zu unterstellen. Religiöse Transzendenz, besser: die *Unbedingtheit* des religiösen Selbstverhältnisses,[13] zeigt sich an menschlichen Erfahrungen, weil diese ihre kreative Ermöglichung, körperliche Gegenständlichkeit und symbolische Realität bereits enthalten, d. h. prozesshaft, im Einzelnen wie im Universalen zugänglich machen.

In diesem zur traditionell-neuzeitlichen Einstellung alternativen, umfassend erfahrungsbezogenen Denken liegt einerseits die Verabschiedung von sogenannten Letztbegründungen und andererseits eine lebensorientierende Pragmatik. Die Philosophie des amerikanischen Pragmatismus (Charles Sanders Peirce) erwartet die Leitlinien für Wissenschaften und Leben nicht mehr vom selbstreflexiven spekulativen Denken, sondern versucht, immer korrekturfähig, Knotenpunkte und Strukturen im Erfahrungsprozess selbst namhaft zu machen. Eine solche Grundstruktur, die, einmal aufgedeckt, von allen Menschen wiedererkannt werden wird, ist die von *Glaube – Zweifel – Handeln.* Denken und Handeln beginnen keineswegs, wie die neuzeitliche Philosophie seit Descartes nahelegen wollte, mit dem Zweifel (theoretisch: als Zweifel an allem), sondern mit bewussten und unbewussten Annahmen, existentiellen Überzeugungen und fundamentalem Vertrauen in die alltägliche Welt, in raumzeitliche Orientierungen, regelhaftes und eingeübtes Verhalten etc. Diese Vorgaben stehen in jedem Leben und Forschen in Kraft, solange kein realer, d. h. in bestimmten Situationen auftretender und begründeter Zweifel dazwischentritt, Unruhe schafft, Krisen hervorruft und zu Haltsuche, Forschung und Neuorientierungen Anlass gibt. So praktisch der Zweifel, so überzeugungsbezogen ist die gesuchte Handlung als Zielhorizont der ganzen Konstellation, die erst

---

[13] Vgl. H. Deuser, *Religionsphilosophie*, Berlin–New York 2009.

in einem neu etablierten Glauben zur Ruhe kommt. Denn in ihm lebt die damit zugleich neu begründete Handlungsmöglichkeit, um deren Bewältigung es in existentiellen wie wissenschaftlichen Fragen zu tun ist. Kurz gesagt: Menschliches Denken, so sehr es in Mathematik und Logik zur Konstruktivität und Abstraktion in der Lage ist, bleibt immer pragmatistisch eingebunden in die Grundstruktur von *Glauben und Handeln.*[14]

Dann ist der – vor allem in Deutschland – gängige Begriff des *Naturalismus* so zu modifizieren, dass er gerade nicht die exklusive Reduzierung auf Erklärungsmodelle der empirischen Naturwissenschaften bedeutet, sondern diese eingebunden in den umfassenderen Erfahrungsbegriff denken lässt, in dem das Basisphänomen des *Glaubens* konstitutiv ist. Vom allgemeinen Glaubensbegriff, wie er als Überzeugungsbildung für Alltagsorientierung und Wissenschaften in Kraft steht, wäre *religiöser Glaube* dadurch zu unterscheiden, dass Letzterer sich auf die schöpferische Ermöglichungsbedingung überhaupt und als solche bezieht, ohne die, menschlich gesprochen, nichts sein kann. Die Religionen wären dementsprechend als primäre Ausdruckgabe der Fundierung natürlicher Handlungsimpulse zu verstehen, die jeweils in den religiösen Grundvorstellungen zur Bearbeitung kommen – in der europäischen Moderne im Begriff des *Glaubens.*

Dieser Glaube wiederum setzt voraus, dass es ein menschliches Selbst gibt, das zu sich selbst über andere in Beziehung

---

[14] In etwas anderem begrifflichen Kontext ausgedrückt (*Glaube* wäre hier zu verstehen als das primär überzeugungsbildende Sichbeziehen auf unmittelbare *Wahrnehmung*), vgl. PEIRCE, *Vorlesungen über Pragmatismus*, VII. Vorlesung, 145: »Die Elemente eines jeden Begriffs treten in das logische Denken durch das Tor der Wahrnehmung ein und verlassen es durch das Tor zweckvoller Handlung; und was seinen Pass an diesen beiden Toren nicht vorzeigen kann, wird von der Vernunft als nicht autorisiert festgenommen.«

tritt und auf diese Weise – immer mehr oder weniger bewusst – fühlt, willentlich agiert und reagiert und selbstkontrolliert denkt. Dazu kann immer zwischen den Perspektiven der ersten, zweiten und dritten Person unterschieden werden, und das in einer Vorstellungs- und Denkschärfe, wie wir sie Tieren und Pflanzen nicht unterstellen können. Fühlen, Wollen, instrumentelles Kalkulieren ist bei Tieren (sicherlich ganz unterschiedlich ausgeprägt und einsetzbar) zu beobachten und zu Recht anthropomorph wiedererkennbar; aber zumal die sich rückwendende Thematisierung der schöpferischen Gefühlsqualitäten, wie es der religiöse Glaube in Bildern, Geschichten und Symbolen zum Ausdruck bringt, kann bei Tieren nicht erwartet werden. Trotzdem, es geht hier um Übergangsphänomene, keine absolute Differenz, sondern eben um das, was sich evolutionistisch als Emergenz beschreiben lässt: Dort, wo sie eingetreten ist, macht sie jeweils einen markanten Unterschied. Die frühesten uns erhaltenen kunst-religiösen Dokumente, Höhlenmalereien vor etwa 15.000 Jahren, zeigen Jagd- bzw. Opfertiere, in denen bildhaft, vielleicht magisch-rituell, jedenfalls in gezielter *Darstellung* Naturvertrautheit, Daseinsangst und mögliche Lebensbewältigung ausdrücklich, d.h. bewusstmachend noch einmal vor Augen geführt werden. Anders ausgedrückt: Die lebensstabilisierende Grundrelation von (ästhetisch-religiösem) Glauben und Handeln gibt sich selbst, wie spontan, instinktiv oder planvoll auch immer, als kreatives Ursprungsgeschehen in wiederholender, gestaltender Kreativität zu erkennen. Soweit wir sehen, ist diese bewusste, Nähe gebende und Distanz haltende Wiederholung existentieller Situationen Tieren nicht möglich; es fehlt offenbar an Vorstellungskraft für komplexere Selbstbeziehungen, denn diese erst können sich in Bildern wiedererkennen und zunehmend auch religiöse Ursprungsbeziehungen thematisch machen.

III. Menschen als leibseelisch-geistige Zeichenbenutzer und Zeichenrelation

Der neuzeitliche Dualismus von *Subjekt* und *Objekt* hatte u.a. vorausgesetzt, dass diese beiden Größen, Substanzen oder Pole als solche erkennbar seien: So wie sich empirische Gegenstände ausfindig machen und bestimmen lassen, so dann durch eine bemühte Innenansicht auch die Seele des Menschen. Wird Letzteres aber im Wissenschaftsprogress zweifelhaft, so bleibt (in der Zuständigkeit einzelner Wissenschaften) nur noch die Objektivität messbarer Gegenstände – und eine Leerstelle, wo früher einmal die Seele als göttlich-menschliche Substanz gedacht wurde und wo heute die Psychologie über Therapien mühsam Ersatz zu schaffen sucht bzw. den objektivierenden Zugriff auch an dieser Stelle zum Zuge bringt.

Zwei Auswege aus diesem Dilemma bieten sich an, die im Folgenden miteinander verbunden werden sollen. Denn was früher einmal Seele hieß, was der Mensch ist, wie seiner vorrangig erstpersonalen Perspektive entsprochen werden kann und welche Verbindlichkeit dem religiösen Glauben dabei zukommt, all das lässt sich wissenschaftlich wieder auffangen, wenn von folgenden Beobachtungen ausgegangen wird:

(1) Jedes Menschen Verhältnis zu sich selbst, wie es Søren Kierkegaard im durchaus schon naturwissenschaftlich geprägten 19. Jahrhundert analysiert, hat einen äußeren leiblichen und einen inneren seelischen Aspekt, zu deren Synthese, wie Kierkegaard sagt, dasselbe Verhältnis sich noch einmal fühlend, willentlich und bewusst zu verhalten hat. Anders gesagt: Menschsein bedeutet, in dieser Doppelkonstellation ein geistiges Verhältnis als Faktum wie als Aufgabe, kurz: ein *Selbst* zu sein; und weil dieses Selbst sich als bedingt erfährt, bringt es zugleich eine Frage nach seinem Grund mit sich: die Gottesfrage bzw. die fordernde, existentielle Situation des religiösen Glaubens, der als solcher wiederum die primäre Fundierung

des Selbstverhältnisses ausmacht – auch und gerade dann, wenn dieser Grundbezug weder objektivistisch noch subjektivistisch einfach greifbar gemacht werden kann.

(2) Dass Menschen sich derart verhältnisbildend und immer prozesshaft erfahren, d.h. nicht von festen Polen, Substanzen oder Faktizitäten allein ausgehen können, ist eine Entdeckung, die Peirce (der Mathematiker, Naturwissenschaftler und Philosoph) Ende des 19. bzw. Anfang des 20. Jahrhunderts gemacht und als Zeichenrelation des Erkennens, Denkens und Seins des Menschen nachgewiesen hat. Eine Zeichenvermittlung ist demnach nicht nur ein Verständigungsmittel, so wie etwas als ein Zeichen für ein Objekt und beide vermittelnd für eine zugehörige – im Falle des Menschen: geistige – Interpretation stehen; Menschen empfinden sich vielmehr selbst als reale Zeichenprozesse, weil sie zu sich selbst keinen irgendwie unmittelbaren Zugriff haben. Das Selbstverhältnis, wie Kierkegaard es exponierte, hat semiotisch (zeichentheoretisch) gesehen dann den Zuschnitt eines zeichenvermittelten (gefühlten, wahrgenommenen, erkannten, gedachten etc.) Objektbezugs (im leibseelischen Verhältnis), der als solcher nicht nur vorliegt, sondern auch bearbeitet und immer neu erfasst werden muss[15] – als Aufgabe des geistigen Verhältnisses (Peirce: Interpretantenrelation) des Selbst, das sich genau so definieren lässt.

Denken wir uns einen glücklichen Augenblick, z.B. in der Situation eines Sommermorgens, eines ersten Ferientages mit Blick auf das offene Meer bei aufgehender Sonne. Alles erscheint unmittelbar stimmig, und die Wahrnehmung ist in augenblickshafter Fülle einfach so, wie sie eben ist. Zwar fehlt

[15] Vgl. C.S. Peirce, »Einige Konsequenzen aus vier Unvermögen« (1868), in: ders., *Schriften zum Pragmatismus und Pragmatizismus*, hg. von K.-O. Apel, Frankfurt am Main 1991, 54: »Wenn wir denken, dann erscheinen wir selbst, so wie wir in diesem Moment sind, als ein Zeichen.«

es nicht an vorausgegangenen Bedingungen, etwa der Hinreise, der nachwirkenden Brüche mit der Alltäglichkeit größerer oder kleinerer Konflikte, den Fragen nach den zukünftigen Lebensabsicherungen etc.; doch das alles verblasst gemessen an der Bildqualität des gefühlten Jetzt, das in seiner Stimmigkeit, natürlichen Schönheit und Güte als *ästhetischer* Augenblick bezeichnet werden kann: Ein solcher Augenblick ist wie gemalt, besungen oder gedichtet. Seine Intensität ließe sich auch durch Lebenskunst und künstlerische Mittel steigern, vielleicht sogar erzeugen, jedenfalls seiner Möglichkeit nach. Ein Gemälde kann visionär entworfen werden, eine Musik kann den glücklichen Augenblick einfangen, ein Gedicht kann in Sprachbildern seine Imagination provozieren; und Lebenskunst würde solche Elemente in die Bewältigung des Alltags einzubauen versuchen, von der Übung mit Farben über Hausmusik bis zum Theaterbesuch. Was eine solche Ästhetik als Kunst- und Lebensform erreichen kann, ist – quer zum normalen Lebensverlauf – die Konzentration auf das eigene Selbst, in einem Schnittpunkt – oder gesuchten Ruhepunkt – innerhalb der Spannungen zwischen leibseelischer und geistiger Verhältnisbildung. Kunst kann das. Aber sie will mit ihrem Können aufdecken, was – bisher unerkannt oder zurückgehalten – doch schon zugrunde liegt oder zugrunde liegen müsste. Hier ist wieder der Punkt von Nähe und Distanz zu sich selbst, den darzustellen Tiere nicht vermögen, wohl aber der Mensch als zeichenprozessuales Selbst in der Doppelkonstellation des Selbstverhältnisses. Liegt der Akzent aber exklusiv auf dem überraschenden Jetzt des Augenblicks ganz für sich genommen, so könnten wir versucht sein anzunehmen, dass es bei Tieren vielleicht doch nicht auszuschließen ist, solch einen Brennpunkt oder Ruhepunkt wahrzunehmen. Gradweise Abstufungen der Intensität bis zu einem kaum mehr erkennbaren Minimum sind dabei natürlich vorauszusetzen.

Was nun wäre eine religiöse Erfahrung am selben Beispiel? Zur Wahrnehmung des glücklichen Augenblicks gehört dann nicht nur dieser einfach selbst – oder dessen kunstvolle Herstellung –, so wie er selbst wäre, sondern das unmittelbar versuchte, rezeptive, passive, reaktive Antworten auf das Jetzt in seiner vorausgehenden, kreativen Ursprünglichkeit. Erschlossen wird so der Grund des Jetzt, als Grund des Selbst, und die unmittelbare Antwort ist kein reflektiertes Urteilen, sondern ein Verhältnis der dankbaren Übereinkunft mit einem Vorrangigen – so wie es die religiösen Bilder, Geschichten und Symbole von Schöpfung, Versöhnung und Erlösung überliefern. Sie wollen primär nichts herstellen (wie die Kunst), sondern den glücklichen Augenblick empfangen. Hinzu kommt, dass die Religiosität in diesem Empfangen immer auch die Erfahrungen des Leidens und Unglücks spiegelt, die in der schöpferischen Dankbarkeit gerade nicht verdrängt werden müssen. Semiotisch gesehen ist diese gefühlte Kreativität im Selbst ein Zeichen, das in der übertragenen Darstellungsform der Religiosität *Gott* als seinen Gegenstandsbezug aneignen lässt – z. B. im religiösen Symbol der Schöpfung, in Ritualen der Dankbarkeit, in Geschichten von der Schöpfung der Welt, in Bildern kreativer Ursprünglichkeit. Aus diesen Zeichenvermittlungen, Aneignungs- und Verstehensprozessen können Menschen letztlich nicht heraustreten, keinen neutralen Ort beanspruchen; die Pointe des geistigen Verhältnisses liegt vielmehr auf der Prozessualität des zeichenvermittelten Selbst. Dass dieses aber um sich weiß und seine eigene Konzentration auf das Jetzt des Augenblicks in Dankbarkeit wahrnehmen und dann bildhaft, narrativ und symbolisch auslegen kann, das macht die eigenständige Qualität des Menschen als Zeichenbenutzer aus. In seiner Selbstrelation die Frage nach dem Grund des Selbst religiös ausdrücken zu können – das zeigt wiederum die Differenz zu Tieren, denen wir ein solches sich erfassendes

Selbst auch auf dieser allerersten Stufe vorreflexiver Kreativität kaum unterstellen können.[16] Nicht erst die höheren Sprach- und Reflexionsformen also machen den Unterschied zwischen Mensch und Tier aus, sondern das religiöse Selbstverhältnis zum eigenen Grund und seine Ausdrucksfähigkeit.

Dem gewählten Beispiel muss nun gar nicht mehr – als scheinbares Gegenbild – ein Augenblick des Schmerzes oder Leidens gegenübergestellt werden, denn der glückliche Augenblick wird, zumindest in seiner religiösen Wahrnehmung, ja auf dem Hintergrund einer Lebenserfahrung hervorgehoben, die die Negativität nicht ignorieren muss; und für Kunstwerke, nicht erst in der Moderne, dürfte das entsprechend gelten (hier läge dann ein Kriterium für die Unterscheidung von Kitsch und Kunst).[17] Die Differenz liegt allerdings in der künstlerisch-aktiven Präparierung des Augenblicklichen, es als solches wiederholen zu wollen, während das religiöse Selbstverhältnis fühlt und antwortet, zuhört und reagiert, den Eindruck gelten lässt und ihn auszulegen versucht. Dass jeweils in der aktiven Darstellung die Religiosität (je nach Epoche sehr unterschiedlich) die Künste inspiriert, benutzt und gebraucht hat, ist eine zweite Frage; und ihr entsprechend wäre festzuhalten, dass zum besseren Verständnis ihrer selbst die Kunst das religiöse Grundverhältnis (je nach Epoche sehr unterschiedlich) eigentlich immer voraussetzt. Den glücklichen Augenblick *als solchen* einzufangen und auszudrücken, darauf also käme es

---

[16] W. Menninghaus, »Zur Evolution der Künste«, in: Gerhardt / Nida-Rümelin (Hg.), *Evolution in Natur und Kultur*, 205–222, nennt drei »Säulen« menschlichen Verhaltens, die bereits auf »nicht-menschliche Primaten zurückgehen« (ästhetische Wertung sexueller Körperornamente, Spielverhalten, Werkzeuggebrauch), und eine »Säule« als demgegenüber »distinktives Merkmal« des Menschen: den »Zeichengebrauch« (208), d. h. den »Zugang zu den Dimensionen des Nicht-mehr-Präsenten, des Noch-nicht-Präsenten« (217).

[17] Vgl. in diesem Band Essay 4, Abschnitt IV (7).

beiden an, Kunst und Religion; so dass Leiden und Glück doch zusammenstehen könnten. Paul Gauguins Christusbild wäre dann (im christlichen Traditionskontext) eine Inkarnation solcher Bildkraft, in der die religiöse Situation der Andacht und der ästhetische Augenblick in eins fallen. Es sind die Farben des Bildes, die diese ursprüngliche Einheit als ganz natürlich erscheinen lassen.[18]

---

[18] P. Gauguin, Der gelbe Christus (1889), in: R. Posner et al. (Hg.), *Semiotik. Ein Handbuch zu den zeichentheoretischen Grundlagen von Natur und Kultur*, Berlin–New York 1998, Bd. 2, Tafel VIII, Abb. 87.3.

2

Ereigniszeit. Kosmologien philosophisch-theologisch

I. Kosmologie heute

»Der Stoff, aus dem der Kosmos ist« – dieser Titel einer mehrteiligen Reihe im Fernsehsender *Arte*[1] steht beispielhaft für die ungebrochene Entdeckerfreude und das demonstrative Selbstbewusstsein eines nach wie vor naturwissenschaftlichen Zeitgeistes. Einsteins geniale Verbindung von Raum- und Zeitvorstellung, die Konsequenzen aus seinen mathematischen Gleichungen und die Frage nach Realität oder Illusion der Zeit sind der Stoff für faszinierende Bilder, die erklären sollen, was doch kaum zu verstehen ist.

Was zeigen solche längst selbstverständlichen, regelmäßigen und mit Erfolg popularisierenden Sendungen, Zeitungsberichte oder Sensationsmeldungen? Sie bestätigen ein Lebensgefühl, das zu einem bedeutenden Teil auf empirischen Daten beruht, die immer neuer Kontrolle unterliegen und die zusammengenommen ein Weltbild ergeben, das seiner bloßen Empirizität zum Trotz sich erzählen lässt wie eine stammesgeschichtliche Mythologie oder universale Kosmogonie. Wie normal das längst ist, lehrt der Blick in einen gängigen Atlas, z.B. *Meyers Neuen Weltatlas* (2011), der jene wissenschaftlich-selbstbewusste und physikalisch-anschauliche Weltbild-Kosmologie eindrücklich belegt. Er beginnt mit der Überschrift

---

[1] B. Greene, Der Stoff, aus dem der Kosmos ist, *Arte*, Teil 1, 13. Oktober 2012.

»Die Geburt des Universums«.[2] Doch was für eine Geschichte wird hier wie erzählt?

(1) Es wird *erzählt*! Die Fachsprache aus Physik und Astronomie wird unvermeidlich anthropomorph, ›Urknall‹ ist nicht weniger metaphorisch als ›Geburt des Universums‹, und alles, was nicht durch Messungen erfasst werden kann, wird ganz unphysikalisch in alltagssprachlichen Bildern ausgedrückt. Was ist schon ein ›Anfang‹ (Fachbegriff: ›Singularität‹), der eigentlich gar nicht gedacht, geschweige denn gemessen werden kann? Was ist ein Raum (Fachdisziplin: Geometrie des ›gekrümmten‹ Raumes), der, je nach Modell, sich ›in alle Ewigkeit‹ ausdehnt? Was sind das für 10^{-43} Sekunden (Fachbegriff: ›Planck-Ära‹), über die wir gar nichts wissen, so dass es nicht verwundert, wenn später auch vom ›geheimnisvollen Universum‹ im Blick auf ›schwarze Löcher‹ etc. die Rede ist?[3] Darin aber liegt der Reiz dieser Erzählung: Sie berichtet von dem, was wir wissen und erobert haben, um über die dramatischen Rätsel des Kosmos eine vertrauensvolle Spannung auszubreiten, in der wir unser Leben orientieren können; und dass wir das müssen und können, das signalisieren in diesem Atlas heute die ökologischen Rahmenbilder von Windrad und Ölplattform.[4] Sie stehen für den ›Sitz im Leben‹ (in der Terminologie der historisch-literarischen Erforschung alter Erzähltexte gesagt), in dem das genuine Interesse, d.h. die Lebens- und Überlebensbedingungen von Erzählungen greifbar werden.

---

[2] *Meyers Neuer Weltatlas. Unser Planet in Karten, Fakten und Bildern*, 8. Aufl., Mannheim 2011, 2f. Als allgemeinverständliche, sehr informative und anspruchsvolle Fachliteratur jüngster Zeit, mit typischer Titelgebung und dem Anspruch auf universale Weltdeutung, vgl. M. Bojowald, *Zurück vor den Urknall. Die ganze Geschichte des Universums*, Frankfurt am Main 2009; C. Kiefer, *Der Quantenkosmos. Von der zeitlosen Welt zum expandierenden Universum*, 3. Aufl., Frankfurt am Main 2009.

[3] *Meyers Neuer Weltatlas*, 6.

[4] Vgl. ebd., 1, 24.

(2) *Was* unsere Kosmologie berichtet und entwirft, gibt sich als bewiesene, d. h. experimentell überprüfbare Fakten und als wahrscheinlich geltende Modelle. Letztere haben Hypothesenstatus, nicht nur in dem Sinn, dass jede einzelne naturwissenschaftliche Theorie durch die Überprüfung von Hypothesen zustande kommt, sondern in dem grundsätzlichen, wir können auch sagen: philosophischen Sinn, dass die »Naturgesetze«, die wir Menschen »auf der Erde entdeckten [...] auch im Universum gelten«, anders gesagt: dass eine Gesamtordnung der Dinge – die »Einheit der Natur«[5] – offenbar vorausgesetzt werden muss. Sonst könnten die Naturwissenschaften gar nicht erkennen, was sie erkannt haben, und das Universum wäre ein nur chaotisches, regelloses, gesetzesfreies, prinzipiell unerkennbares Zufallsspiel – was offensichtlich nicht der Fall ist. Und es ist dieser Gedankengang, mit dem auch die moderne Kosmologie die *ordo*-Vorstellung und ihr Gefühl des Einbezogenseins berührt, wie es die alten Schöpfungsmythen einmal vermittelt haben.

In die wissenschaftliche Theoriebildung hat sich vorweg schon ein vernünftiges – ganz und gar menschliches – Interesse eingeschlichen, das dieselbe Vernunft in der gesetzhaften Gestaltung des Universums wiedererkennen möchte. Stephen Hawking hat diesbezüglich von einem »grundlegenden Paradoxon«[6] gesprochen und direkt am Ende des ersten Kapitels seiner kleinen Kosmologie in beispielhafter Nüchternheit und lebensweltlicher wie philosophischer Naivität festgehalten:

Doch von der Voraussetzung ausgehend, das Universum habe sich in regelmäßiger Weise entwickelt, können wir erwarten, dass sich die Denk- und Urteilsfähigkeit, mit der uns die natürliche Selektion

---

[5] Ebd., 5.

[6] S. Hawking, *Eine kurze Geschichte der Zeit*, 20. Aufl., Reinbek bei Hamburg 2001, 25.

ausgestattet hat, auch bei der Suche nach einer vollständigen vereinheitlichten Theorie bewähren und uns nicht zu falschen Schlüssen führen wird.[7]

Drei Rückfragen drängen sich auf: Erstens, woher kommt die Voraussetzung, die hier zwingend gemacht werden muss? Zweitens, führt der Verweis auf die menschlichen Fähigkeiten kraft evolutionärer Selektion nicht in dasselbe Paradoxon wie das der (menschlich erkannten) Regelmäßigkeit der Natur? Drittens, woher stammt das Basisvertrauen, das sich hinter den schlichten Worten »können wir erwarten« verbirgt, setzt hier die Vernünftigkeit nicht ganz grundlos einfach auf sich selbst?

(3) Geschichten erzählen heißt, sich in der Zeit zu bewegen. Die moderne (naturwissenschaftliche) Kosmologie tut dies, indem sie ein geradliniges, stammbaumähnliches Progressionsmodell vorlegt, das nur aufgrund von Quanten- und Relativitätstheorie zur Annahme von unberechenbaren Lücken, Grenzen aufgrund der Lichtgeschwindigkeit und Raumkrüm-

---

[7] Ebd., 26. Diese schwierige Positionsbestimmung wiederholt sich in: S. Hawking / L. Mlodinow, *Der große Entwurf. Eine neue Erklärung des Universums*, 2. Aufl., Reinbek bei Hamburg 2010, weil erstens pointiert die alten philosophisch-theologischen Fragen nach dem Grund von allem gestellt werden (167), aber zweitens der Philosophie die Kompetenz in dieser Sache bestritten (11: »doch die Philosophie ist tot«) und der Theologie eine überholte, abstrakte theistische Erstverursacherhypothese unterstellt wird (163, 167 f.), die sich heute von selbst erübrige, während drittens ein Zusammenspiel von Theoriemodellen angeboten wird (»M-Theorie«), die unter Voraussetzung der Gravitation die Selbstorganisation des Universums einmal einheitlich erklären können sollen: »Da es ein Gesetz wie das der Gravitation gibt« und »spontane Erzeugung« aus dem »Nichts« (177). Die Fragen nach dem Grund werden also mit dem Verweis auf das Faktum eines Naturgesetzes, auf mathematische Modelltheorien und Verursachungszusammenhänge beantwortet, d. h. *Grund* im Sinne von *ratio* wird durch *Ursache* im Sinne von *causa* ersetzt, was dem Anspruch auf vollständige Erklärung gerade nicht genügen kann.

mungen, also zu bildhaften Variationen eines nicht mehr planen Koordinatensystems gezwungen ist. Aber die Zeit des Erzählens geht nicht in die erzählte Zeit ein, dieser hermeneutische Zirkel des Beteiligtseins muss zugunsten der Berechenbarkeit und Messbarkeit außer Betracht bleiben und auf die Anfangs- und Randbedingungen reduziert werden. Müsste aber nicht eine, mit Hawking gesprochen, »vollständige vereinheitlichte Theorie« auch die Bedingungen ihrer eigenen Theoriebildung enthalten, d.h. einerseits die humane Instanz wirklich gewordenen wissenschaftlichen Denkens und andererseits den nicht-menschlichen Ermöglichungsgrund von Weltentwicklung selbst? Hawking z.B. hat nicht nur die drohenden Paradoxien dieser Situation vermerkt (wenn auch nicht philosophisch weiterverfolgt), er hat auch auf die klassischen Lösungen in Metaphysik und Religion verwiesen, wenn auch in einem nicht ernsthaft oder überzeugend wirkenden Gestus.[8]

Ist das aber berechtigt? Muss die Kosmologie heute strikt säkular auftreten und religiöse ebenso wie metaphysische Kontexte mit dem Stempel der Beliebigkeit versehen, als bloße Annahmen hinstellen, die jedenfalls wissenschaftlich nicht mehr in Betracht kommen? Oder ist auch diese Auffassung von Wissenschaft als Säkularität Teil einer »Großerzählung«, die heute kritisch gelesen zu werden verlangt, wie Charles Taylors detaillierte Rekonstruktionen der Moderne nahelegen?[9] Die neuzeitlichen Kosmologien waren zwingend anti-aristotelisch, aber das betraf die Religion in Wahrheit nur indirekt, nur

---

[8] Vgl. Hawking, *Eine kurze Geschichte der Zeit*, 23.

[9] C. Taylor, *Ein säkulares Zeitalter*, Frankfurt am Main 2009; zum Terminus der »Großerzählung« vgl. 957f., zur entsprechenden Rekonstruktion der Moderne 986: »Das Religiöse verharrt unauslöschlich am Horizont des Areligiösen – und umgekehrt. Das ist ein weiterer Hinweis, dass die offizielle Geschichte […] auf einer tieferen Ebene interpretiert werden muss.«

soweit sich ihre Theologie auf eine bestimmte Metaphysik festgelegt hatte, die wiederum mit jener alten Physik verschworen war, der die experimentelle Einsicht inzwischen den Boden entzogen hatte. Religiös zu sein oder nicht religiös zu sein, das wird von da an jedenfalls mehrdeutig, kosmologisch missverständlich und verlangt nach Selbsterklärung.

II. Kosmologie gestern

Unser Weltbild heute steht zur Kosmologie von gestern wie neu zu alt, wie Bewegung zu Statik, wie Licht zu Dunkelheit. Bertolt Brechts Theaterstück *Leben des Galilei*, geschrieben 1938/39 nach Bekanntwerden der atomaren Kernspaltung durch Otto Hahn, repräsentiert diese Sichtweise der naturwissenschaftlich triumphalen Befreiung im Kampf gegen die kirchlichen Machtsysteme als endgültige Epochendifferenz: Alle Sympathien zieht der ganz und gar menschliche Physiker auf sich, während auf der Gegenseite Gesinnungszwang, Religiosität und Unwissenschaftlichkeit identisch erscheinen müssen. Das Themenplakat, das der 1. Szene voransteht, lautet in Brechts schönem lakonischen Stil mit biblischem Anklang:

> In dem Jahr sechzehnhundertundneun
> Schien das Licht des Wissens hell
> Zu Padua aus einem kleinen Haus.
> Galileo Galilei rechnete aus:
> Die Sonn steht still, die Erd kommt von der Stell.[10]

Der biblische Bezug ist deutlich die berühmte Stelle im Buch Josua (Jos 10,12), wo berichtet wird, Jahwe habe zum Zeichen seiner Macht Sonne und Mond einen Tag lang stillstehen las-

---

[10] B. Brecht, *Leben des Galilei. Schauspiel*, 8. Aufl., Frankfurt am Main 1968, 7; vgl. den Vorspann zur 4. Szene ebd., 40: »Das Alte sagt: So wie ich bin, bin ich seit je. / Das Neue sagt: Bist du nicht gut, dann geh.«

sen – woraus z.B. Martin Luther im Sinne des christlich-aristotelischen Weltbildes und aufgrund der Autorität des Textes folgern konnte: Also muss im Normalfall die Erde stillstehen und die Sonne sich bewegen, und Kopernikus will sich bloß wichtigmachen![11]

Brechts umgekehrte Zitierung derselben Stelle nutzt zugleich den übertragenen Sinn von Bewegung als Fortschrittsmetapher, und der wissenschaftsmethodischen Sache nach ist ihm selbstverständlich Recht zu geben. Symptomatisch aber bleibt Luthers Sicht, weil sie die natürliche Sperre zum Ausdruck bringt, etwas wider den Augenschein als naturgegeben hinnehmen zu müssen. Das ist bis heute auch so geblieben, denn Trägheitsgesetz, Gravitation, Relativitäts- und Quantentheorie bleiben eine Zumutung für die natürliche Einstellung und deren Suche nach Verlässlichkeit.

Und hier liegt der eigentliche Differenzpunkt: Was vermag die jeweilige Kosmologie zur Lebensorientierung beizutragen, zu jenem in seiner Sichtbarkeit unüberholbaren Regenbogengefühl, das wir aus der Segensverheißung des Noahbundes in Genesis 9 kennen?[12] Eine Kosmologie, die das nicht mehr leistet, wenn sie – empirisch gesehen – auch noch so triumphale Entdeckungen macht, steht dann in anderer Funktion, und das ist in allen Vor- und Nachteilen zumindest zu beachten. An

---

[11] Vgl. M. Luthers *Tischreden*, in: Weimarer Ausgabe, Tischreden, Bd. 4, Nr. 4638; zum historischen Zusammenhang und zur folgenden Auslegung vgl. das Material und die Darstellung bereits in: H. Deuser, »Religion und Evolution«, in: *Was ist Wahrheit anderes als ein Leben für eine Idee. Kierkegaards Existenzdenken und die Inspiration des Pragmatismus. Gesammelte Aufsätze zur Theologie und Religionsphilosophie*, hg. von N.J. Cappelørn/M. Kleinert, Berlin–New York 2011, 626–651, hier 628–630.

[12] Vgl. Gen 9,12–15: »Und Gott sprach: [...] Balle ich Wolken über der Erde zusammen und erscheint der Bogen in den Wolken, dann gedenke ich des Bundes [...], und das Wasser wird nie wieder zur Flut werden, die alle Wesen aus Fleisch vernichtet.«

der alten Kosmologie ist nicht nur abzulesen, was wir heute besser wissen, sondern auch, was uns an Vertrauen entzogen wurde. Und sind nicht auf diesem Weg alte und neue Kosmologie vielleicht doch zu gegenseitigem Verständnis zu bringen, zumal das gegenwärtige kosmologische Denken in raumzeitlichen Modellen bei aller mathematischen Genauigkeit wieder ein Gespür für das Unberechenbare mitbringt – ein Gespür, das augenzwinkernd auch einmal die alte statische mit der neuesten nicht-deterministischen Auffassung der Naturgesetze zu verbinden versteht. Charles Sanders Peirce überliefert demgemäß eine moderne Replik zur Bibelstelle Josua 10,12: Man müsse sich das so vorstellen, dass die Sonne, »als Josua nicht direkt hinschaute«, doch »ein kleines bisschen gewackelt haben muss«![13]

Die Kosmologie von gestern hatte also ihre Stärken auf einem ganz anderen Gebiet, und dass zumal die Theologie in der Lage war, die Weltbildbrüche in Neuzeit und Moderne zu verarbeiten, hängt aufs engste damit zusammen. Die aristotelische Physik und Astronomie konnten theologisch aufgegeben werden, weil sie mit der biblischen keineswegs übereinstimmten; beide ›passten‹ nur zusammen, solange die teleologische Physik des antiken und mittelalterlichen Weltbildes wie der von Gott geschaffene Kosmos ›gelesen‹ werden konnte, in dem die Himmel die Erde zusammenhalten und von außen die erfahrbare Natur und Geschichte durch göttliche Stabilität vertrauensvoll garantiert werden. Taylor hat diese Funktion der alten Kosmologie – sie war auch naturwissenschaftlich gültig bis ins 16. Jahrhundert, alltagsweltlich wirkt sie bis heute nach – durch die (Max Webers Terminologie aufnehmende) Gegenstellung von »verzauberter Welt« und moder-

[13] C. S. Peirce, *Religionsphilosophische Schriften*, hg. von H. Deuser, Hamburg 1995, 179; vgl. 160 (Peirce zitiert aus pseudonym erschienenen Vorlesungen zur Astronomie aus dem Jahr 1851).

ner »Entzauberung« in aller Breite illustriert.[14] Im Kern ist es ein (religiöses) qualitatives Grundgefühl, der Augenblick der »Fülle«,[15] in dem sich Lebenssinn, Kosmos-Verlässlichkeit und Handlungsorientierung fundiert finden – eine zeitliche Kategorie, auf die zurückzukommen ist. Zunächst aber ist für die alte Kosmologie erkennbar, dass jene Erfahrung der Fülle vielfach abgesichert und wiedererkennbar war. In besonderen Hoch-Zeiten und an ausgewählten Orten konnte die göttliche Präsenz erlebt werden, die dem Kosmos entsprechenden gesellschaftlichen Machtstrukturen wurden durch gezielte Umkehrungsriten (Fastnachtsspiele etc.) erträglich gehalten, der Kosmos selbst war schließlich geisterfüllter – verzauberter – Ort, der eine andere Welt durchscheinen lassen konnte.[16] Dieser Kosmos ist tröstliches und erhabenes ›Zeichen‹ für etwas Anderes, Größeres und dessen Absichten – nicht bloß kausallogisch analysiertes ›Universum‹ aufgrund seiner empirischen Messbarkeit. Wo aber bleiben alle diese Funktionen, wenn der neue Kosmos von ihnen nicht mehr widerhallt? Oder unterstellen wir den naturwissenschaftlichen Modellen stillschweigend mehr an Einheitsgefühl, als sie in Wirklichkeit garantieren können? Oder ist der moderne Kosmos noch gar nicht wirklich verstanden, wenn wir ihn einfach als ›nicht mehr verzaubert‹ hinstellen und die These der ›Entzauberung‹ durch Wissenschaft unkritisch übernehmen?

---

[14] Vgl. die Einführung der Unterscheidung in: TAYLOR, *Ein säkulares Zeitalter*, 58–60, 544–546 u. ö.

[15] Ebd., 20, 28 u. ö.

[16] Vgl. ebd., 112 (als Zusammenfassung der zuvor entwickelten Aspekte); im Folgenden ebd., 544–546, 585 f., 903.

III. Ereigniszeit – naturwissenschaftlich und philosophisch-theologisch

Der säkularistische Kurzschluss bestand darin, die empirische Wissenschaftsauffassung als Weltbild und damit automatisch als Auflösung aller, gerade auch der nicht-empirischen Sinnfunktionen des alten Kosmos gelten zu lassen. Das war im Kampf gegen die Mächte des alten und empirisch verfehlten Denkens zwar verständlich, und Säkularisierung war in diesen Kontexten auch notwendig, sie hätte aber nicht derart totalisiert werden müssen, dass alle anderen Weltbildimplikationen dadurch an den Rand gedrängt erscheinen konnten. Faktisch war und ist dem ja auch nicht so, das Religiöse tritt heute optional und verschränkt mit dem Säkularen zugleich auf, das jedenfalls ist Taylors vielfältig belegte Beobachtung.[17]

Darüber hinaus aber könnte es ja auch so sein, dass die pure Säkularität sich weltanschaulich zu Unrecht (natur-)wissenschaftlich autark gibt und die Religiosität der Moderne zu Unrecht ihre Distanz zur Naturwissenschaft kultiviert. Und tatsächlich: Im gemeinsamen Schnittfeld des Zeitproblems scheint sich, sozusagen hinter dem Rücken beider, eine solche Verständigung ergeben zu haben, die durchaus von beiden Seiten wieder ›kosmologisch‹ genannt zu werden verdient.

(1) Wir wissen seit 1905, dass die Zeit, relativitätstheoretisch genau genommen, nicht mehr als absoluter Anschauungsrahmen vorgestellt werden kann, etwa in einem allgemein gültigen Koordinatensystem, innerhalb dessen dann Zeit- und Raumpunkte für alle Beobachter gleich vermessbar wären. Wenn der endliche Wert der Lichtgeschwindigkeit gilt, dann ›hängt‹ die Zeit gewissermaßen an den einzelnen Bewegungen von

---

[17] Vgl. ebd., 590 (als Zusammenfassung). Vgl. zur Diskussion dieser These O. Höffe, »Religion im säkularen Zeitalter«, *Merkur* 738.11 (2010), 1088–1094, hier insb. 1089 f.

Teilchen, allgemeiner gesagt: am jeweiligen *Ereignis* selbst.[18] Im bekannten Modell des Lichtkegels treffen sich der Vergangenheits- und Zukunftslichtkegel dann in der gemeinsamen Spitze des punktuellen Ereignisses einer jeweiligen Gegenwart, die ihre berechenbare Vor- und Nachgeschichte hat. Darüber hinaus aber, im sogenannten ›Anderswo‹, kann nichts gesagt werden. Was ist dann ein solches *Ereignis*? Es ist als messbares empirisch und, weil es im Extrem des Allerkleinsten und Allergrößten gilt, zugleich exemplarisch für alles, was sich ›ereignen‹ kann. Diese verallgemeinerte Anwendung geht allerdings über die Bedingungen der Physik hinaus, und *meta-physisch* müsste nun zusätzlich bestimmt werden, was Ereignisse möglich macht und worin dann ihr Realsein besteht.

(2) Solches Weiterdenken mag der rein empirischen Forschungsarbeit fremd erscheinen, und es ergibt sich aus ihr auch erst durch die bewusste Wende des Blicks, wie wir sie oben am Beispiel von Hawking schon gesehen haben: nämlich auf die sonst unthematischen Überzeugungen von der

---

[18] Vgl. die Einführung des Ereignisbegriffs bei HAWKING, *Eine kurze Geschichte der Zeit*, 31, 36, 38; zum Folgenden ebd., 41–43, und H. DEUSER, *Religionsphilosophie*, Berlin–New York 2009, § 11.1. Die naturphilosophische Bedeutung der neuen Physik fasst Hans Reichenbach 1931 in die folgende Gegenüberstellung: »Raum und Zeit sind nicht, wie die ältere Philosophie glaubte, Ordnungsformen, die das erkennende Subjekt in die Realität hineinträgt, sondern sie sind Ordnungseigenschaften der Wirklichkeit selbst«; H. REICHENBACH, *Ziele und Wege der heutigen Naturphilosophie. Fünf Aufsätze zur Wissenschaftstheorie*, hg. von N. MILKOW, Hamburg 2011, 63. Bemerkenswert ist, dass Reichenbach, Mitglied des Wiener Kreises, 1931 noch um die Anerkennung dieser neuen Naturphilosophie kämpfen muss (vgl. 47–49) und dazu »zwei Menschentypen« unterscheidet, den »naturwissenschaftlichen« und den »literarischen«, letzteren als Feind der empirischen Wissenschaften und Anhänger einer unhaltbar gewordenen Philosophie (87–89). Zur Bestimmung der Raum-Zeit im Rahmen gegenwärtiger – ganz unspekulativer – Naturphilosophie vgl. W. DETEL, *Grundkurs Philosophie*, Bd. 2: *Metaphysik und Naturphilosophie*, Stuttgart 2007, 88.

vernünftig strukturierten, lebensweltlich vertrauten und weiterhin verlässlichen, d. h. kosmologischen Ordnung der Dinge. Diese bilden offensichtlich einen kreativen und prozesshaften *Zusammenhang*, von dem das Empirische nur einen Aspekt darstellbar macht. Hinzu kommen die jeweilige *Ermöglichung* dessen, was sich in seiner primären Wahrnehmungsqualität ereignet, und die *Regelhaftigkeit* jeder Darstellung eines empirischen Zusammenhangs, so wie er erkannt wird. Beide Aspekte sind nicht in der Weise zugänglich wie der messbare – empirische – Ereignispunkt, sondern sie unterliegen einer jeweils eigenen Zugangsform: Die Qualität von etwas wird primär in ihrer prägenden Unbestimmtheit wahrgenommen, immer erst in einem zweiten Schritt durch Vergleiche etc. mess- und (empirisch) bestimmbar – mit Peirce' Semiotik gesprochen also ein Phänomen von Erstheit, das dezidiert *vor* der Bestimmung von Sinnesdaten und als deren Ermöglichungsgrund angenommen werden muss. Und die Darstellung von Ereigniszusammenhängen (z. B. in physikalischen Gesetzen) verlangt die Vereinbarung von Symbolstrukturen geistiger Kommunikation (und diese Gesetze sind als solche ebenfalls, aber aus anderen Gründen, nicht empirisch zugänglich) – mit Peirce' Semiotik gesprochen also ein Phänomen von Drittheit, das die Regel-, aber auch die Prozesshaftigkeit des Universums zur Darstellung bringt. Auf diese Weise gewinnen wir einen metaphysisch erweiterten Ereignisbegriff: In jedem Ereignis steckt erstens die nicht determinierbare Wahrnehmungsqualität, die sich aufdrängt und die Ermöglichung im Werden der Dinge repräsentiert; zweitens die empirisch zugängliche, raumzeitliche Bestimmtheit, z. B. der Ereignispunkt im Modell des Lichtkegels; und drittens das Ereignis im zeitlichen Zusammenhang, der sich, je nach Phänomenbereich, z. B. mathematisch oder auch narrativ zum Ausdruck bringen lässt.

(3) Ohne diesen metaphysisch erweiterten, gleichwohl naturwissenschaftlich belehrten und fallibilistisch gebundenen

Ereignisbegriff wären in Natur und Geschichte weder das Auftreten von *Neuem* noch der (evolutionäre) *Gesamtprozess* zu verstehen. Eine absolute Zufallswelt ist nicht einmal vorstellbar, eine durchgängig determinierte Welt hätte keinen Raum für Neuerungen, wäre zu einer wirklichen Entwicklung nicht fähig – also müssen ein Zusammenspiel und die Unterscheidbarkeit der drei genannten Kategorien (der Ermöglichung, der empirischen Bestimmtheit und der vernünftig erkennbaren Regelhaftigkeit) angenommen werden, um kosmologisch zu erklären, was wir beobachten können. Peirce hat aus genau diesen Gründen von der naturwissenschaftlich unumgänglichen Lehre des (scholastischen) *Realismus* gesprochen, der nicht nur die empirischen Einzeldaten als real einstuft, sondern darüber hinaus auch ihre Ermöglichung ebenso wie ihre Darstellung in einem allgemeinen und zuverlässigen Gesetzeszusammenhang. Die umgekehrte Einstellung, die Bestimmung von Realität mit der Empirie einzelner Sinnesdaten zusammenfallen zu lassen und alle weiteren Zusammenhänge als unerkennbar hinzustellen, gilt dann als »nominalistische Häresie« in Neuzeit und Moderne.[19] Für das Eigenrecht von Philosophie und Theologie, zumal im Blick darauf, wie sich eine Theoriebildung auf Erfahrung bezieht, hängt seither alles davon ab, ob diese Abwehr des Nominalismus mitvollzogen wird oder nicht. Der gängige Begriff von Säkularität, der mit einer Auffassung von Wissenschaftlichkeit identifiziert wird, die Metaphysik und (religiösen) Glauben notwendig ausschließen muss, ist dann jedenfalls kosmologisch gesehen als *Nominalismus* zu bezeichnen.

(4) Es bleibt auch auf den zweiten Blick erstaunlich, dass die Philosophien, die im 19. und 20. Jahrhundert gerade vom naturwissenschaftlich-kosmologischen Denken nichts erwar-

---

[19] Peirce, *Religionsphilosophische Schriften*, 244; zum Begriff des Realismus vgl. ebd., 296 f., 386 f., 391 f.

teten, einen neuen Ereignis-, Erlebens- oder Augenblicksbegriff favorisieren, der, ungewollt und unbewusst, relativitätstheoretische Parallelen aufweist. Nehmen wir als Beispiel für die hermeneutisch-geschichtlich orientierten Denkweisen Søren Kierkegaards frühe Auszeichnung des *Augenblicks* als existentielle, wirklichkeitserschließende Kategorie der Zeitlichkeit. Auch hier ›hängt‹ die Zeit sozusagen am Ereignis, wie wir beim Ereignispunkt im Lichtkegelmodell gesagt haben.[20] Zwei Dimensionen dieser Augenblicksanalyse lassen sich unterscheiden, eine epistemische und eine phänomenologische.

(a) In der Schrift *Philosophische Brocken* (1844, Kap. 1) wird die herausragende Ereignisqualität des kontingenten Augenblicks durch ein Gedankenexperiment aufgedeckt:[21] Wie wäre es, wenn die sokratisch-platonische Erkenntnislehre, wonach Wissen durch Erinnern zustande kommt, einmal nicht gälte, wenn also die Wahrheit der Dinge nicht schon als Idee vorhanden wäre und nur per Anamnese aufgerufen werden müsste, gleichgültig unter welchen Vermittlungsbedingungen? Dann, ja dann käme dem Augenblick in der Zeit die alles entscheidende Bedeutung zu, die Wahrheit wäre an die vermittelnde geschichtliche Situation gebunden, an das Ereignis ihrer Erschließung, an die »Fülle der Zeit«. Kierkegaard kommt es mit diesem Zitat aus dem Neuen Testament (Gal 4,4) darauf an, geschichtliche Kontingenz (im Sinne der Christologie) als Wahrheitsbedingung auszuweisen und damit ein Denken zu fordern, das sich dieser neuen Ausgangslage stellt. Verallgemeinernd lässt sich die Erfahrung der ›Fülle‹ aber auch als die Erlebnisform für lebensnotwendiges Erkennen in Entschei-

[20] Vgl. Abschnitt III (1).

[21] Vgl. hier und im Folgenden Deuser, *Religionsphilosophie*, § 11.1. Zur mystischen Tradition des Augenblicks vgl. die Übersicht von A. M. Haas, »Fülle der Zeit«, in: U. Fink / A. Schindler (Hg.), *Zeitstruktur und Apokalyptik. Interdisziplinäre Betrachtungen zur Jahrtausendwende*, Zürich 1999, 105–121.

dungssituationen fassen, als *conditio humana* für qualitatives Erkennen von Größe, Achtung, Tiefe etc., wie es Taylor vorgeschlagen hat.[22] Diese Verankerung liegt der gesellschaftlichen Differenz von religiös / nicht-religiös voraus und gibt dem Augenblick, obwohl lebensgeschichtlich in der Zeit, gleichwohl etwas Unbedingtes, Verpflichtendes – *Ewiges*, wie Kierkegaard sagt.

(b) Dass es sich bei dieser Verankerung der Zeiterfahrung um eine anthropologisch fundamentale Einsicht handelt, zeigen erst recht die phänomenologischen Analysen in Kierkegaards Schrift *Der Begriff Angst* (1844, Kap. 3). Gegenüber der kosmologischen, der messbaren Zeit der reinen Sukzession, wie Kierkegaard die Naturwissenschaft versteht, wird erlebte Gegenwart erst dann erreicht, wenn die Zeit nicht mehr als abstrakte Punktreihe, sondern als qualifizierter Augenblick erfasst wird: mit einer Ereignisqualität, deren Verbindlichkeit in der Entscheidungssituation nicht dem zeitlichen Verfall unterliegt (wiederum der Aspekt des *Ewigen*), während diese Situation sich doch in der geschichtlichen Zeit ereignet, in einer Gegenwart als Überschneidungsfeld von Zeitlichem und Ewigem – wofür Kierkegaard den Begriff der *Zeitlichkeit* geprägt hat. Diese hat raumzeitliche Nähe, ihre Messbarkeit spielt keine Rolle, aber es gibt keinen Zeitbegriff, der letztlich von dieser Ereignisqualität absehen könnte. Das ist anthropologisch von Bedeutung, weil in der Spannung von Zeitlichem und Nicht-Zeitlichem im Augenblick sich die Ambivalenz von faktischen Bindungen (durch Körperlichkeit, Endlichkeit etc.) und überhaupt der Möglichkeit, anders zu *können*, auftut, die Kierkegaard psychologisch als Angst, phänomenologisch als Ausdruck von Freiheit und Geist-Sein des Menschen präsentiert. Kontingenz ist damit nicht nur ein Phänomen der Geschicht-

---

[22] Vgl. Taylor, *Ein säkulares Zeitalter*, 103–105, 993 f. u. ö.; vgl. auch Anm. 15.

lichkeit, sondern auch der existentiellen Spannkraft zwischen Müssen und Können, Vergangenheit und Zukunftsmöglichkeit, Notwendigkeit und Freiheit, kurz: der Zeitlichkeit im Augenblick erlebter Ereignisqualität. Aus diesen Konstellationen wird zudem deutlich, dass die zuvor angesprochene ›Fülle‹ verbindlicher Lebensorientierung im Augenblick durchaus nicht einfach nur positiv oder optimistisch gesehen werden kann. So argumentiert auch Taylor,[23] wenn er nicht nur die religionskundliche Ausdehnung des Gefühls der ›Fülle‹ (in seiner Funktion) auf die Spiritualität der ›Leere‹ im Buddhismus vornimmt, sondern auch die ›negative Seite‹ bis hin zum Verlust dessen, was ›Fülle‹ meint, in das Phänomen mit einschließt. Erst recht aber Kierkegaards Analysen der Existenzangst sind der Ausweis einer rundum ambivalenten, d.h. realistischen Sicht der – humanen – Dialektik der Zeitlichkeit.

Inwiefern aber kann heute diese Dialektik kosmologisch interpretiert werden? Ist es dafür ausreichend festzuhalten, dass es sachlich eine gewisse Parallelität in der Entdeckung der raumzeitlichen Ereignisqualität des Augenblicks gibt, die den Begriff der Zeit, auch den der gemessenen Zeit fundiert?

IV. Zeitbegriff, *Creatio ex nihilo* und das Kontinuum der Zeit

Die bisher gestellten Fragen[24] nach der Vertrauensbasis für ein vernünftiges Prozessuniversum und der Tragfähigkeit des Vergleichs zwischen natur- und geisteswissenschaftlicher Zeitauffassung lassen sich zunächst pauschal so beantworten:[25] Die

[23] Vgl. ebd., 20 f., daneben Anm. 8.

[24] Vgl. den Abschluss von Abschnitt I (2) und Abschnitt II.

[25] Vgl. zum Folgenden Essay 3 in diesem Band. Eine Übersicht zum bisherigen Diskussionsstand zwischen Theologie und Philosophie bzw. Naturwissenschaft gibt U. Beuttler, »Die allgegenwärtige Zeit. Struktu-

in den letzten 200 Jahren leicht nachweisbaren Entdeckungen der Geschichtlichkeit auch der Natur und der Zeitlichkeit der humanen Existenz führen zusammen, was zusammengehört; sie führen zur Kosmologie eines evolutionistischen Prozesses. Dieses Modell korrespondiert besser mit der biblisch-christlichen Schöpfungsvorstellung als das aristotelische Weltbild, weil die Singularität des Anfangs und die Entstehung von Neuem in religiösen Narrativen bzw. Schöpfungssymbolen und in den Lehrfiguren der *Creatio ex nihilo* bzw. *continua*, d.h. im Inbegriff der *Kreativität*, zur entsprechenden Darstellung kommen können. Der Schöpfungsakt selbst ist dabei keiner Beobachtung zugänglich, und insofern hat der kreative Akt unbedingten Vorrang: den Vorrang des Unbedingten, wie ihn der religiöse Glaube seit je zum Ausdruck bringt. Kosmologien, die empirisch an Messdaten orientiert sind, setzen die metaphysische Bedeutung des schöpferisch Neuen schon voraus, stoßen aber auch darauf in der kontingenten Ereigniszeit, in der Produktivität des Zufalls und in der nicht-deterministischen Regelhaftigkeit der Naturprozesse. Wie dies im Detail gedacht werden kann, lässt sich wiederum am Zeitproblem zeigen, und zwar in den folgenden drei Konzeptionen von *Gegenwart* bei Ingolf U. Dalferth, Robert C. Neville und schließlich Charles S. Peirce.

(1) Der Vergleich zwischen einer naturwissenschaftlichen und einer existentiellen Zeitauffassung lässt sich seit den Arbeiten von J.M.E. McTaggart (*The Nature of Existence*, 1921/1927) sehr plausibel auch so darstellen, dass zwischen einer (natürlichen) Verlaufszeit, der sogenannten *B-Reihe*: ›früher als‹, ›gleichzeitig mit‹, ›später als‹, und einer erlebten Zeit, der sogenannten *A-Reihe* in den drei Dimensionen ›ver-

---

ren und Verhältnisse von Zeit, Ewigkeit und Naturgesetzen«, in: M. PETZOLDT (Hg.), *Theologie im Gespräch mit empirischen Wissenschaften*, Leipzig 2012, 170–197.

gangen‹, ›gegenwärtig‹, ›zukünftig‹, unterschieden wird.[26] Die B-Reihe zeigt die Stellung von Ereignissen zueinander, ihre in Natur und Geschichte unabänderliche Reihenfolge, und sie garantiert Zählbarkeit und Messbarkeit wie in den Abläufen einer Partitur. Die A-Reihe dagegen setzt immer eine Perspektive voraus, aus der die drei Zeitdimensionen überhaupt erst differenziert werden müssen – bevorzugt die Gegenwart, deren Intensität im Jetzt-Gefühl gleichwohl vergeht bzw. wieder erwartet werden kann. Wie aber verhalten sich die beiden Reihen zueinander? Geben sie einfach die objektive und subjektive Seite des Zeitproblems, ohne je vermittelt werden zu können? Oder kommt einer von beiden der Vorrang der Realität zu, wovon die andere dann abzuleiten wäre? Mit anderen Worten: Was ist ontologisch früher, das Zeitgefühl oder die gemessene Zeit? Die Entscheidung ist schwierig, denn es muss z. B. beachtet werden, dass ein ontologischer Vorrang der A-Reihe kaum mit der Relativitätstheorie[27] übereinkommen könnte, weil es in ihr keine Gleichzeitigkeit von Perspektiven in einer und derselben Gegenwart gibt; und gegen den Vorrang der B-Reihe spricht alles, was oben über die qualitative Gegenwart und das Neue gesagt wurde, das sich mit der Erfahrung des Augenblicks verbindet und sich nicht als durchlaufender Punkt angemessen wiedergeben lässt.

(2) Dalferths Lösungsvorschlag setzt nun so ein, dass die

---

[26] Vgl. meinen ersten Versuch in Aufnahme und Bearbeitung dieser Unterscheidung: »Die Freude des gelebten Augenblicks«, *Evangelische Theologie* 56 (1996), 156–165; vgl. im Folgenden den wiederum von McTaggart ausgehenden Zeitbegriff bei I. U. Dalferth, *Becoming Present. An Inquiry into the Christian Sense of the Presence of God*, Leuven 2006, part II.

[27] Vgl. zu diesem physikalischen Einwand Dalferth, *Becoming Present*, 54 f.; zum Problem der Bestimmung der Gleichzeitigkeit zweier Inertialsysteme (›Einstein-Synchronisation‹) vgl. A. Kratzer / P. Stekeler-Weithofer, »Relativitätstheorie«, in: *Historisches Wörterbuch der Philosophie*, Bd. 8, Basel 1992, 622–631, hier 623 f.

Frage nach dem ontologischen Vorrang eingeklammert wird zugunsten der jeweiligen pragmatischen Situation, in der Ereignisse für uns zur Gegenwart werden. Innerhalb der vorhandenen Abläufe im Sinne der B-Reihe »lokalisieren«[28] wir uns in der Zeit – und damit in den Zeitdimensionen. Nichts an einem Ereignis als solchem hat die Qualität oder Eigenschaft von *Gegenwart*, sondern erst mein situatives Verhalten zur faktischen B-Reihe der Ereignisse macht die Zeit *gegenwärtig*, d.h. perspektivisch und auf ein humanes Selbst bezogen, bei dem dann allerdings die »minimale« Kapazität der (zeitlichen) Selbstunterscheidung vorausgesetzt werden muss.[29] Insofern bestätigen sich hier Kierkegaards Analysen der Zeitlichkeit, die in der Relationalität des Selbst im Augenblick verankert sind.[30] Dalferths Intention aber ist dezidiert keine existentialistische oder subjekttheoretische Interpretation der Zeitlichkeit des Selbst – denn so würde nur wieder ein ontologischer Vorrang der A-Reihe gesucht. Das Selbst ist vielmehr zeitlich in Relation zur Erfahrungssituation, nicht etwa »substantiell« noch einmal seine eigene Selbsterfahrung.[31] Entsprechend sind die phänomenologischen Zeittheorien der Erste-Person-Perspektive immer kritisch daraufhin zu betrachten, ob sie, was korrekt ist, die Notwendigkeit dieser Perspektive der Selbstgegenwart in der Ereignissituation ausweisen wollen oder ob sie, was daraus gerade nicht folgt, letztlich immer auch die Sonderstellung einer Selbstgegenwärtigkeit ermitteln wollen.[32]

---

[28] DALFERTH, *Becoming Present*, 56; vgl. im Folgenden ebd., 57–59.

[29] Ebd., 59; vgl. 65.

[30] Vgl. ebd., 66, die ausdrückliche Bezugnahme auf Kierkegaard.

[31] Ebd., 61: »Self-experience is not an intrinsic feature or dimension of my or any experience [...].« Vgl. auch die Abgrenzung des »minimal self« von Theorien der Subjektivität ebd., 59, Anm. 56.

[32] Vgl. ebd., 63f. »But if I become aware of it [sc. being present at an event] I become aware that I am *present at the event*, not that I am *present to myself* [...]«; ebd., 62.

Diese wäre dann in einem qualitativen Sinn wiederum mehr als die bloße Lokalisierung von Präsenz des Selbst (A-Reihe) in der Zeit (B-Reihe). Um diese kritische Unterscheidung noch besser zu verteidigen, lässt sich das Problem auf höherer Reflexionsstufe auch so fassen: Selbst-gegenwärtig-Sein (im Sinne der A-Reihen-Perspektivität, d. h. im Rahmen der Lokalisierung in einer B-Reihe von Ereignissen) kann ja demselben Selbst bewusst werden,[33] als Selbstgegenwärtigkeit zweiter Stufe sozusagen. Wie ist dieser Fall zeittheoretisch zu beurteilen? Auf den ersten Blick könnte es so scheinen, als wäre jetzt der Punkt erreicht, dem Selbst doch eine besondere Qualität zusprechen zu müssen, also eine vertiefte Selbstperspektivität (im Sinne der A-Reihe). Dalferth dagegen spricht von einer »Wendung der Situation« bzw. von einer »Gabelung« im Sinne einer nicht-kognitiven und einer kognitiven Ereignisreihe (B-Reihe), d. h. die reflektierte Form der Selbstgegenwart wird ebenfalls pragmatisch lokalisiert und damit ontologisch neutralisiert. Nicht eine spezielle Selbstgegenwärtigkeit eigenen Rechts muss also gesucht werden,[34] sondern Präsenz, so oder so, bleibt eine Frage der situativen Lokalisierung, semiotisch ausgedrückt: der durchgängigen Indexikalisierung des Zeitproblems. Gegenwart ist eine Anzeige in einer Ereignisreihe und Selbstgegenwart das Gleiche auf anderer Ebene. Damit ist dem Einwand der Relativitätstheorie gegen den ontologischen Vorrang von Erlebnisgegenwart (A-Reihe) Genüge getan,[35] die Eigenständigkeit der (physikalischen) Zeit im Sinne der B-Reihe bleibt gewahrt, und die Phänomene der Selbstgegenwart

[33] Vgl. ebd., 69–71.

[34] Vgl. ebd., 71: »[...] being *present to me* does not require, on my side, any special ›sense of mineness‹«; vgl. entsprechend ebd., 73, zur Frage »präreflexiver« Voraussetzungen des Selbst im Selbstverhältnis.

[35] Vgl. Anm. 27; vgl. auch Dalferth, *Becoming Present*, 68, zum Problem der Gleichzeitigkeit von Ereignissen, und zum Folgenden die Zusammenfassung ebd., 74 f.

erklären sich durch personale, d.h. perspektivische Zeitdimensionen (A-Reihe). Letztere kommen in der physikalischen Ereignisreihe vor, aber sie fundieren sie nicht.

(3) Wie verhalten sich dann naturale und personale bzw. kulturale Ereigniszeit zueinander? Sie erscheinen gebunden an die Vorstellung einer Verlaufsform wie eine strukturierte Punktreihe, die auch als dimensionierte Zeitrelation markiert werden kann. Doch woher stammt das zur Markierung einer Zeitdimension nötige Zeitgefühl (oder wie immer es genannt wird), das in Dalferths Begriff der »minimalen Kapazität zur Selbstunterscheidung«[36] aufscheint? Es soll nicht durch substantielle Qualitäten überschätzt, nicht subjekttheoretisch überzeichnet und auch nicht kosmologisch verstanden werden. Was ist es dann? Nicht zufällig stehen Dalferths Zeitanalysen im Kontext des Begriffs von *Gottes Gegenwart*, der exklusiven und absoluten Perspektive, die sich begrifflich an das Bisherige anschließt und Gott als »gegenwärtig zu allen Ereignissen« und allem Gegenwärtigsein in Zeitdimensionen versteht.[37] Diese Gottesvorstellung absoluter Aktualität bedeutet insofern auch einen einheitlichen Ereignisbegriff für A-Reihe und B-Reihe, die sich nur durch die Art der Präsenz unterscheiden, in der schöpferischen Gottesrelation aber in derselben kosmologischen Perspektive stehen: »Gott ist nicht eine Ursache dessen, was geschieht, sondern ohne Gott gäbe es weder Ursache noch Wirkung.«[38] Das ist einerseits gegen die klassischen Gottesbeweise gesagt, die Gott kosmologisch z.B. als erste Ursache denken wollen, andererseits aber wirken Aufbau und Entwicklung der dazu vorgenommenen Zeitanalysen durchaus auch wie ein Gottesargument *via eminentiae*.[39]

---

[36] Vgl. Anm. 29.

[37] DALFERTH, *Becoming Present*, 75 f.

[38] Ebd., 77: »It follows that God is not a cause of what happens but that without which there would be neither cause nor effect.«

[39] Dagegen spricht auch nicht, dass gerne ausdrücklich gewarnt wird,

Denn jetzt sind es alle Wirklichkeit und alle Möglichkeit, die erst durch Gott gegenwärtig sind. Und diese Gegenwärtigkeit ist nicht zeitgebunden, vielmehr qualifiziert die Gottesrelation alle zeitlichen Verhältnisse – nicht umgekehrt. Deshalb zuvor die Abwehr besonderer Subjekt- oder Selbst-Qualitäten im Blick auf die Zeitdimensionierung der A-Reihe, so als könne daraus dann unvermittelt auf Gott geschlossen werden.[40] Kann das gesuchte Zeitgefühl aber nur wie ein angemaßt substantielles Privileg gehandelt werden, das physikalisch wie theologisch problematisch erscheinen muss? Ist seine kulturale Bedeutung nicht der Hinweis auf seine naturale Funktion in der Qualität von Wahrnehmungen, wie sie semiotisch gesehen zu jeder Erfahrung gehören? Solche Wahrnehmungsereignisse wären dann in der A-Reihe und in der B-Reihe entsprechend vorauszusetzen, um deren Unterschied bestimmen zu können: die bewusste Erfahrung des kreativ Neuen in der einen und das minimale Selbst der zeitlichen Lokalisierung in der anderen Reihe.

(4) Was bisher nur sehr unscharf unter dem Stichwort *Zeitgefühl* gefasst wurde, die wahrgenommene Ereigniszeit als gegenwärtiger Augenblick, das wird zugänglicher, wenn die Kosmologie im Ganzen schon so angelegt ist, dass das Prozessuniversum konsequent als raumzeitliches *Werden* interpretiert wird, zu dem es keinen Standpunkt außerhalb gibt.

---

die vorgelegte Argumentation so zu verstehen – denn in ihr werde nur über die Folgerungen aus einem (vorausgesetzten) Gottesverhältnis nachgedacht; vgl. ebd., 75, Anm. 72. In gleichem Sinne auch in I. U. DALFERTH, *Die Wirklichkeit des Möglichen. Hermeneutische Religionsphilosophie*, Tübingen 2003, 152, Anm. 45.

[40] Vgl. DALFERTH, *Becoming Present*, 83: »God's immediate activity is accessible to us only as it is mediated […].« Zur gleichen Positionsbestimmung in Abhebung von den traditionellen philosophisch-theologischen Zeitvorstellungen vgl. I. U. DALFERTH, »Theologie der Zeit. Alte und neue Zeit«, in: FINK / SCHINDLER (Hg.), *Zeitstruktur und Apokalyptik*, 77–103.

A.N. Whitehead hat mit *Prozess und Realität* (1927) dafür die großartige Vorlage geliefert,[41] auf deren Hintergrund Nevilles Zeittheorie entwickelt wurde (*Eternity and Time's Flow*, 1993). Für das methodische Vorgehen ist zunächst auffallend, dass bewusst im naturwissenschaftlichen Sinne von Kosmologie gesprochen, gleichzeitig aber ebenso bewusst »spekulatives« Denken verteidigt wird, um philosophisch das überhaupt zu fassen, was im Weltprozess offenbar geschieht: »Spekulative Kühnheit muss durch absolute Demut vor der Logik und vor den Tatsachen ausgeglichen werden.«[42] Geschieht dies, dann werden die analytischen Zeitreihen und ihre Begrifflichkeiten als spätere Abstraktionen von dem entdeckt, was den Prozess selbst ausmacht: das Werden im kreativen Zusammenspiel von *wirklichen Ereignissen* (*actual occasions*), in deren Aufbau wiederum das Werden von Natur und Kultur angelegt ist. Sehr vereinfacht dargestellt ergibt sich folgendes Bild:

(a) Das Konkretwerden (*concrescence*) des (kosmologischen) Prozesses geschieht in gegenwärtigen wirklichen Ereignissen, die als Einheiten (wie Tropfen) gedacht werden können, intern logisch strukturierbar und extern messbar sind. Physische und mentale Ereignisse sind letztlich gleich strukturiert; auch die Terminologie, die die Ausdrücke ›subjektiv‹ und

[41] Vgl. Anm. 25; vgl. auch DEUSER, *Religionsphilosophie*, § 11.2.

[42] A.N. WHITEHEAD, *Prozess und Realität. Entwurf einer Kosmologie*, 2. Aufl., Frankfurt am Main 1984, 56. Vgl. zu Whiteheads Zeitauffassung R.C. NEVILLE, *Eternity and Time's Flow*, Albany 1993, 39–41; DERS., »Whitehead and Pragmatism«, in: *Realism in Religion. A Pragmatist's Perspective*, Albany 2009, 153–164. Diese neue Naturphilosophie versteht sich also auf der Basis der neuen Physik und zugleich in Kontinuität mit der traditionellen Philosophie, ganz anders als die Wissenschaftstheorie Reichenbachs (vgl. Anm. 18). Die Zeit als »Kausalstruktur der Welt« zu bezeichnen (REICHENBACH, *Ziele und Wege*, 67) ist deshalb für Whitehead noch keine ausreichende Problemlösung, denn Kausalität selbst bedarf einer kosmologischen Erklärung.

›objektiv‹ nicht meidet, darf nicht darüber täuschen, dass hier keine Geist- und Materietrennung, keine Substanzmetaphysik mehr gilt, sondern das Basisgeschehen des Wirklichwerdens, so wie es sich selbst erfasst, zu erfassen gesucht wird (*The Theory of Prehensions*).[43] In der einfachsten Form des sogenannten »physischen Empfindens« (»physical feeling«[44]) kommt es zum Werden von Neuem dadurch, dass ein »anfängliches Datum« durch ein logisches Subjekt angeeignet und damit objektiviert wird. Es entsteht also in einem Wahrnehmungsakt ein neues Datum, das selbst wieder dem weiteren Prozess zur Verfügung steht. Nach seinem Entstehen ist das Ereignis keine Möglichkeit im Werden mehr, sondern eine entschiedene Wirklichkeit, die damit der Vergangenheit zufällt. Die raumzeitliche Dauer bzw. Ausdehnung gegenwärtigen Werdens ist dadurch kontinuierlich bezüglich Vergangenheit und Zukunft zu denken: Was ein Ereignis in seiner Gegenwart aufgreift, ist Vergangenheit, was daraus möglicherweise für kommende Ereignisse bestimmt wird, ist Zukunft.

(b) Neville hat nun gezeigt,[45] dass in dieser Form von Kontinuität das Miteinanderbestehen der Zeitdimensionen, ihr spezifisches Zusammensein (»togetherness«), nicht ausreichend geklärt ist. Die drei Zeitdimensionen ergeben sich aus der *Dauer* eines (neuen) Ereignisses, die mit seinem Abschluss Vergangenheit wird, deren *Entschiedenheit* jetzt die Gegenwart

---

[43] Vgl. A. N. Whitehead, *Process and Reality. An Essay in Cosmology*, hg. von D. R. Griffin / D. W. Sherburne, New York 1978, part III.

[44] Vgl. Whitehead, *Prozess und Realität*, 432 f., bzw. *Process and Reality*, 236 f.; »feeling« wird im Folgenden, anders als in der deutschen Übersetzung, mit Gefühl wiedergegeben; vgl. Deuser, *Religionsphilosophie*, 310 f.

[45] Vgl. Neville, *Eternity*, 110–112; ders., *Realism in Religion*, 158–160. Nicht berücksichtigt werden im Folgenden Whiteheads Auffassung der »eternal objects«, seine Theologiekritik und Religionsphilosophie; ebenso wird Nevilles eigener metaphysischer Denkansatz hier undiskutiert vorausgesetzt.

bildet, die wiederum Bedingungen für die *Form* des Zukünftigen abgibt. Ist diese Integration der Zeitdimensionen selbst aber wiederum zeitlich, und woher stammt die Kraft ihrer »Harmonisierung« im Zusammenstimmen? Neville antwortet auf beide Fragen mit einer neuen, ereignisontologischen Erklärungsleistung der traditionellen Lehre der *Creatio ex nihilo*: Erstens kann das Zusammenstimmen der Zeitdimensionen nicht selbst wieder zeitlich sein, diese Antwort provozierte nur immer neu die Einheitsfrage und liefe auf einen unendlichen Regress hinaus. Für die differenzierten Zeitgefühle kann also von *Zeitlichkeit* (auch in Erinnerung an Kierkegaards Begrifflichkeit[46]) gesprochen werden, und wenn das keine rein zeitliche Bestimmung mehr sein kann, so ist es die der *Ewigkeit*: Das Zusammenstimmen der Zeitlichkeit heißt Ewigkeit, nämlich als Bedingung für das Zeitlichsein der Zeitdimensionen, ihr Fließen, ihr Veränderungspotential und ihre Bestimmungsfähigkeit. Zweitens, diesen Gedanken weiterführend, dürfte ein Erklärungsgrund des schöpferischen Weltprozesses in Natur und Kultur den zeitlichen Bedingungen und Bedingtheiten nicht selbst unterliegen. Darin gerade liegt der Dreh des – zunächst ganz philosophischen – Argumentes, dass der schöpferische Grund aus dem Nichts von Bestimmungen das Werden von Neuem, zeitlich Unterscheidbarem und Kontinuierlichem erklären kann. Mit dem evolutionistischen Begriff der Emergenz gesagt: »›Emergence‹ really means ›*ex nihilo*‹ because what emerges is not in that ›from which‹ it emerges.«[47] Der kreative Akt allein ist hier also entscheidend und kann erklären, sonst bliebe nur ein unerklärliches Geheimnis, gleichgültig ob in deterministischer oder nicht-deterministischer Version. Ewigkeit und Schöpfung gehören zusammen im Er-

---

[46] Vgl. Abschnitt III (4b).

[47] Neville, *Realism in Religion*, 61. Zur Diskussion dieses Begriffs vgl. in diesem Band Essay 1, S. 7–9, 13.

klärungspotential einer Kosmologie, die diese Begriffe weder statisch noch wissenschaftlich abseitig versteht, sondern konstruktiv für die Ermöglichung von Zeit und das Zusammenbestehen ihrer Dimensionen. Die religiösen Symbole und Narrative sind schon immer durch Vorstellungen solcher Kreativität ausgezeichnet, und unter den Bedingungen heutiger Kosmologien – wie der Whiteheads oder Nevilles – Gott wieder als Schöpfer zu denken ist weder weltfern noch unwissenschaftlich. Die Zeitdimensionen lassen sich dann in ihrem kreativ einheitsbildenden und unterscheidbaren Zusammenhang wie folgt fassen:[48] Das *Vergangene* ist bestimmte Wirklichkeit, die *Gegenwart* ist spontane Kreativität, die *Zukunft* ist strukturierte Form für Bestimmungsmöglichkeiten, die wiederum das künftig Vergangene und Gegenwärtige mit beeinflussen, so wie diese sich produktiv und selektiv aufeinander beziehen. Ohne kreativen Ermöglichungsgrund, der selbst diesen Zeitdimensionen nicht unterliegt, wohl aber in ihnen präsent ist, wäre das Ganze aber, wie gesagt, ein (nominalistisches[49]) unerklärtes Faktum. Das wäre nicht nur unbefriedigend, sondern widerspräche auch dem Geist der Wissenschaften: Denn Ordnungsstrukturen verlangen nach Erklärung. Über das kreative Potential im Anfang des Universums und dessen Gewinn an Bestimmtheit heißt es 1898 bei Peirce:

> Die allgemeine und unbestimmte Potentialität wurde eingeschränkt und heterogen. Wer diese Vorstellung [idea] für sich selbst dadurch zum Ausdruck bringt, dass er sagt, Gott der Schöpfer habe dies so und so bestimmt, tut dies vielleicht insofern unbedacht, als er den Gedanken in ein [sprachliches] *Gewand* gekleidet vorträgt und sich damit der Kritik aussetzt; doch ist dies im Grunde und der Sache nach die einzige philosophische Antwort auf das gestellte Problem.[50]

---

[48] Vgl. Neville, *Realism in Religion*, 163.

[49] Vgl. Anm. 19.

[50] Peirce, *Religionsphilosophische Schriften*, 489 f., Anm. 22.

(5) Whiteheads und Peirce' Kosmologien unterscheiden sich nicht in ihrer Absicht, Materie und Geist (und die beteiligten Wissenschaften) in einem evolutionistischen Prozessbegriff zugleich realistisch und spekulativ zu vermitteln, um dadurch nicht zuletzt neues Verständnis für religiöse Symbolisierungen zu wecken; sie gehen in der Durchführung dieses Programms allerdings ganz andere Wege. Dabei ist Peirce, praktizierender Naturwissenschaftler und Philosoph, zwar gut eine Generation älter, dürfte aber das aktuellere Modell vertreten, schon weil es als Hypothese und im kategorialen Zuschnitt als das ›einfachere‹ erscheint – ein Kriterium, das Peirce selbst an und mit Galilei als vorbildlich gelobt hat.[51] Whitehead dagegen hat mit den »wirklichen Ereignissen« eine materiell-spekulative Atomistik aufgebaut, deren Konkretwerden durch eine Vielfalt von schwer zu überschauenden Kategorien sichergestellt werden muss. In drei Feldern kann demgegenüber Peirce' Modell abschließend profiliert werden: in der Bedeutung des kreativen Kontinuums, in der Vorstellung des infinitesimalen Zeitintervalls und in der Anwendung der (semiotischen) Kategorienlehre als evolutionäre Metaphysik.[52]

(a) Im Anschluss an Georg Cantors Entdeckung eines *aktualen* Unendlichkeitsbegriffs (der über den *potentiellen* der einfachen Zahlenreihe hinausgeht) durch den Nachweis *überabzählbarer* Mengen (d. h. Potenzmengen mit größerer Mächtigkeit als die abzählbaren Elemente einer Menge) interpretiert Peirce eigenständig das mathematische Kontinuum als ursprüngliche Potentialität des Universums. Seine Definition lautet: »A true continuum is something whose possibilities

---

[51] Vgl. ebd., 349 f.

[52] Vgl. zum Folgenden DEUSER, *Religionsphilosophie*, § 11.1.2; DERS., »Evolutionäre Metaphysik als Theorie des menschlichen Selbst. Beiträge zum Begriff religiöser Erfahrung«, in: *Was ist Wahrheit*, 549–587, hier 555–569.

of determination no multitude of individuals can exhaust.«[53] Dieser Gedanke der kreativen, unerschöpfbaren Ermöglichung impliziert einerseits die radikale Unbestimmtheit eines Ausganges (»possibilities«) und andererseits – und in diesem Rahmen – immer konkrete und neue Bestimmungsmöglichkeiten (»individuals«). Der Begriff der *Creatio ex nihilo* erhält so noch einmal eine spezifischere Vorstellungsdimension, und sie erklärt in allen folgenden, immer einschränkenden, d.h. konkreten Realisierungen das Auftreten von Neuem. Das Kontinuum ergibt also ein Modell großartiger Entfaltungen – von der unerschöpflichen Ermöglichung über bestimmte (empirische) Realisierungen bis zum Gesamt der Kontinuität, die das Diskontinuierliche enthält. Dieser Dreischritt entspricht der dreigliedrigen Struktur von Peirce' Kategorienlehre und Semiotik,[54] und die Universalität des Modells wird dadurch wissenschaftlich nachvollziehbar. Das zugrunde liegende Zusammenspiel in der Vorstellung des Kontinuums und seiner infinitesimalen Möglichkeiten lässt sich dazu am einfachsten so illustrieren, dass in einem Punkt einer kontinuierlichen Linie ein Schnitt gesetzt wird, der das Kontinuum trennt und dadurch rechts und links zwei Punkte entstehen lässt, die bei Schließung der Lücke wieder verschwänden. Dieses Verfahren, immer wieder fortgesetzt, zeigt, wie ein Punkt des Kontinuums in eine »diskrete Mächtigkeit […] explodieren«[55] kann

[53] C. S. Peirce, »Synechism«, ursprünglich erschienen in: J. M. Baldwin (Hg.), *Dictionary of Philosophy and Psychology*, Bd. 2, New York–London 1902, 657, wiederabgedruckt in: *Collected Papers*, 6.170 (Cambridge 1978).

[54] Vgl. Abschnitt III (2).

[55] C. S. Peirce, *Das Denken und die Logik des Universums. Die Vorlesungen der Cambridge Conferences von 1898*, hg. von K. L. Ketner/H. Putnam, Frankfurt am Main 2002, 216; vgl. zur Erläuterung des Dedekindschen Schnitts die Einleitung der Herausgeber, ebd., 58–60; Deuser, *Religionsphilosophie*, §18, 475 f.; vgl. auch die Darstellung von D. Evers, »Unendlichkeit und Kontinuum bei Leibniz und Peirce«, in: J. Brach-

– ein Bild für die überraschende Produktivität bei beständiger Regelhaftigkeit des Universums.

(b) Für das Zeitproblem bedeutet dies zunächst, dass die Zeit, wie alle Ordnungsformen und Naturgesetze, als evolutionär entstanden gelten muss, dass die Gegenwart ›diskontinuierlich‹ (d.h. wirklich) erfahren wird und dass Vergangenheit und Zukunft modallogisch als wirklich (Vergangenheit), notwendig (Gesetzesprognosen auf Zukunft) und möglich (Zukunft) zugeordnet werden können.[56] Als *real* sind alle drei Zeitdimensionen einzustufen, als empirisch nur Vergangenheit und Gegenwart, Letztere zudem mit dem Akzent des existentiellen Zeitgefühls der Dauer. Doch wie kommt dies zustande? Peirce' Zeitanalyse setzt semiotisch und schlusslogisch gesehen die Wirksamkeit und Erklärungskraft von Ideen im Universum voraus: Zufallsproduktivität, Regelausbildung und Erklärbarkeit hängen zusammen wie Zeichenqualität, Objektrelation und vernünftige Konklusion. Unser Denken ist derart mit den universalen Prozessen verwandt, dass das geistige Kontinuum als integriert in das universale gelten kann, dass also das *Gesetz des Geistes*, wie Peirce 1892 formuliert,[57] darin besteht, dass »Ideen«, d.h. Zeichenprozesse, sich ausbreiten und damit auch erfahrbare Zeitdifferenzen entstehen lassen. Wie aber kann Vergangenes gegenwärtig werden (denn anders könnte es gar nicht wahrgenommen werden)? Die Antwort besteht in der Annahme infinitesimaler Intervalle der Nähe

---

TENDORF et al. (Hg.), *Unendlichkeit. Interdisziplinäre Perspektiven*, Tübingen 2008, 249–267, hier 255–257.

[56] Vgl. die Darstellungen von H. PAPE, »Charles S. Peirce über Zeit und Zufall«, und J. BRUNNING, »Charles S. Peirce on Time«, in: T. BORSCHE (Hg.), *Zeit und Zeichen* (Schriften der Académie du Midi 1), München 1993, 47–67 bzw. 69–77, hier 58 bzw. 72.

[57] Vgl. C.S. PEIRCE, »Naturordnung und Zeichenprozess«, in: *Schriften über Semiotik und Naturphilosophie*, hg. von H. PAPE, Frankfurt am Main 1991, 179–209, hier 180–182.

bzw. Entfernung, was wiederum unterscheidbare Zeitwahrnehmung voraussetzt. Diese geschieht, das ist Peirce' Modellvorschlag, im Schema der Überschneidung infinitesimaler Intervalle, so dass Anfang, Mitte und Ende des einen Intervalls von einem zweiten, das in der Mitte des vorigen einsetzt, aufgenommen wird. Und der Vergleich beider macht aus dem unmittelbaren Zeitgefühl ein mittelbares, das Objektbeziehungen ermöglicht. Mit anderen Worten: Der Augenblick (infinitesimaler Dauer) hat Wahrnehmungsqualität,[58] in deren infinitesimalem Umfeld Vergangenheit und Zukunft angrenzen.[59] Diese kosmologisch abgeleitete Zeitvorstellung ist nicht nur für den wissenschaftlichen, sondern auch für den lebensweltlich-existentiellen Sinn von Vergegenwärtigung im Augenblick anwendbar – und damit auch für eine realistische Auffassung der Zeitdimensionen.

(c) Peirce' kosmologisches Modell erfährt seine Abrundung schließlich darin, dass die dreigliedrige kategoriale Erfahrungsstruktur als evolutionäre Metaphysik[60] bezeichnet und systematisiert wird. Die kosmologische Ursprünglichkeit des produktiven Zufalls ist Gegenstand des *Tychismus* (zugleich in positiver Rezeption des Darwinismus und als Kritik des mechanistischen Determinismus). Die sympathetische Kraft zur Förderung von Wachstumsprozessen und zur Ausbreitung von Ideen – die evolutionäre Liebe – ist Gegenstand des *Agapismus*, hier in entschiedener Kritik des mechanistischen (Sozial-)Darwinismus. Diskontinuierliche Spontaneität und die aufbauenden Kräfte des Prozesses kommen zusammen als Entfaltungen des Kontinuums und somit als Gegenstand für

---

[58] Vgl. ebd., 183.

[59] Vgl. PAPE, »Peirce über Zeit und Zufall«, 65.

[60] Vgl. die Übersicht in: DEUSER, *Religionsphilosophie*, §18, 476–478; M. HAMPE, *Erkenntnis und Praxis. Zur Philosophie des Pragmatismus*, Frankfurt am Main 2006, 131–133, 302–304; DERS., *Eine kleine Geschichte des Naturgesetzbegriffs*, Frankfurt am Main 2007, 89–94.

Peirce' Spätphilosophie des *Synechismus*: der besten Hypothese, um trotz aller Begrenztheit und Brüchigkeit dem vernünftig erkennbaren Ganzen, soweit und weil wir es erkennen und erfahren können, zu entsprechen. Im Konzert einer solchen Kosmologie ist die religionsphilosophische Stimme nur konsequent. Sie wird hörbar in meditativer »Versonnenheit« und als unwiderstehlich »reizvoller Einfall« der »Realität Gottes« angesichts der Erfahrungsuniversen.[61] Auch das gehört zu einer wissenschaftlich – bei aller naturalen und kulturalen Vielfalt – doch auch einheitlichen Kosmologie.

[61] C. S. Peirce, »Ein vernachlässigtes Argument für die Realität Gottes« (1908), in: *Religionsphilosophische Schriften*, 329–359, hier 339.

3

»… das ganze Universum des Seienden …«. Über alte und neue Metaphysik im Blick auf die Theologie

I. Die Wahrheit des Glaubens

In seiner Disputation über Johannes 1,14 (*Verbum caro factum est*[1]) hat Martin Luther 1539 die These vertreten, bestimmte philosophisch wahre Sätze (im Sinne eines formal korrekten Syllogismus, angewandt auf Kernbegriffe der Christologie und Trinitätslehre[2]) seien gleichwohl theologisch falsch, und demgemäß sei die biblisch-hermeneutische Wahrheit des Glaubens zu schützen vor dem Gefängnis »der menschlichen Vernunft« (These 6), Letztere verstanden als aristotelische Philosophie, deren Logik und Metaphysik auf den Gott der Rechtfertigung in Christus einfach nicht passen. Was Luther deshalb fordert, ist eine »andere Dialektik und […] Philosophie« (These 27) – hier zunächst mit dieser ironischen Formulierung, denn das Neue daran ist aus Luthers Sicht nichts anderes als die richtige Theologie; diese allerdings braucht, so These 40, »neue Sprachen«, die den »affectus fidei« zum Zuge brächten und nicht den »intellectus« scholastischen Philosophierens (These 42).

---

[1] Vgl. den Text (Weimarer Ausgabe, Bd. 39 II, 3–5) in: M. Luther, *Lateinisch-Deutsche Studienausgabe*, Bd. 2, 461–467. Zum historischen Kontext und zur Interpretation vgl. S. Streiff, *»Novis linguis loqui«. Martin Luthers Disputation über Joh 1,14 »verbum caro factum est« aus dem Jahr 1539*, Göttingen 1993.

[2] Vgl. das Beispiel zur Trinitätslehre in These 16: »pater in divinis generat, Pater est essentia divina. Ergo essentia divina generat«.

Nun lässt sich leicht zeigen, dass in Luthers Theologie ganz selbstverständlich methodisch-rationale, d.h. philosophische Elemente (Grammatik, Dialektik, Rhetorik) unabdingbar sind und dass andere Philosophien, z.B. platonisch-augustinische, nicht den Gegensatz erfüllen, wie er gegenüber einer theologisierend angewandten aristotelischen Scholastik polemisch aufgebaut wird. Die Frage der Zuordnung bleibt aber auch dann bestehen: Vorausgesetzt, Theologie und Philosophie haben zumindest dies gemeinsam, dass es sich bei beiden immer auch um tendenziell kontrollierbare »Denkvollzüge« handelt, dann kann es zwischen beiden auch zu »konkurrierenden Wahrheitsansprüchen« kommen, sofern eine Seite wesentliche Denkvoraussetzungen impliziert, die der anderen Seite fremd bleiben müssen.[3] Der theologisch vorgegebene Offenbarungsglaube ist nun genau ein solcher Fall. Reformatorisch gefasst: Die vorrangige Wahrheit des Rechtfertigungsereignisses – oder moderner, mit Søren Kierkegaard ausgedrückt: die Bindung der Wahrheit an das geschichtliche Auftreten Gottes in Christus bei gleichzeitig geltender Verstehensbedingung durch denselben Gott –, eine solche Voraussetzung muss nicht geteilt werden.[4] Doch ist diese situative und lebensbestimmende Aneignungsbedingung des religiösen Glaubens deshalb unzugänglich im Sinne von unverstehbar? Oder ist sie gerade, jedenfalls für bestimmte Philosophien, wohl verstehbar, aber aufgrund existentiell anderer Optionen unzugänglich? Und wären Metaphysik bzw. Religionsphilosophie nicht der Ort, wo diese Verstehbarkeit bei gleichzeitiger Entzogenheit gedacht werden sollte – was der christlichen Theologie keines-

---

[3] H. Schulz, »Doppelte Wahrheit? Überlegungen zum Verhältnis von Theologie und Philosophie«, in: H. Deuser / G. Linde / S. Rink (Hg.), *Theologie und Kirchenleitung. Festschrift für Peter Steinacker zum 60. Geburtstag*, Marburg 2003, 89–105, hier 92.

[4] Vgl. zu beiden Beispielen ebd., 98 f.

wegs fremd ist? Noch einmal anders gesagt: Kierkegaards Satz, »aber der Christ muss alles anders verstehen als der Nicht-Christ, muss sich selbst darin verstehen, dass er Unterschied zu machen weiß«,[5] drückt einerseits die Differenz des existentiell – bei vollem Wahrheitsanspruch – von außen Unzugänglichen aus, andererseits aber gerade auch das aktive Verstehenwollen eben dieser Differenz als solcher; und im Fall Kierkegaards wird dieses komplexe Verhältnis in gezielt literarischen Aneignungs- bzw. Distanzierungsformen von fiktiver Rede, Pseudonymität, Wissenschaftsexkurs, biographischen Zeugnissen etc. bewusst gemacht und wirksam. So werden »andere Dialektik« und »neue Sprachen« ein Thema für beide Seiten, die theologische und die philosophische, wenn auch auf unterschiedliche Weise.

Dieser Problemknoten besteht für das Christentum von Beginn an, seit es – nicht ohne Erfolg – versucht hat, seinen Glauben als Wahrheitsanspruch auch in der Auseinandersetzung mit geltenden Philosophien darzustellen und durchzusetzen. *Metaphysik* war der herausragende Ort für diese gegenseitig lernfähigen Denkbemühungen, *Religionsphilosophie* hat in der nachneuzeitlichen Moderne ersatzweise diese Funktion unter neuen Bedingungen übernommen, und es dürfte an der inzwischen wieder anders bestimmten Stellung der Naturwissenschaften liegen, dass heute *Metaphysik* als Wissenschafts-

---

[5] S. KIERKEGAARD, *Die Taten der Liebe* (1847), in: *Søren Kierkegaards Skrifter*, hg. von N. J. CAPPELØRN et al., Kopenhagen 2004, Bd. 9, 54,16–18; vgl. DERS., *Gesammelte Werke*, 19. Abt., hg. von H. GERDES, Düsseldorf-Köln 1966, 54; vgl. dieses Titelzitat bei I. U. Dalferth, »›... der Christ muß alles anders verstehen als der Nicht-Christ ...‹. Kierkegaards Ethik des Unterscheidens«, in: DERS. (Hg.), *Ethik der Liebe. Studien zu Kierkegaards »Taten der Liebe«*, Tübingen 2002, 19–46, hier 19, 31. Zum folgenden Argument vgl. Kierkegaards ausdrückliche Begriffsbildung einer »Existenz-Wissenschaft« (»Existentiel-Videnskab«) in: *Søren Kierkegaards Papirer*, 2. Aufl., Kopenhagen 1968, Bd. 4, C 100.

disziplin erneut Anerkennung und Fortsetzungen findet – weil sie die Welt doch nicht nur beliebig interpretiert, sondern daran beteiligt ist, sie zu verändern.

II. Probleme der Metaphysik

Eine »andere Dialektik« und »neue Sprachen« zu finden ist der reformatorischen Theologie schwerer gefallen als gedacht. Neu und wirksam sind natürlich Ton und Bildkraft in Luthers poetischer Sprache, die Paradoxien nicht nur riskiert, sondern geradezu sucht – beispielsweise das »fürchten, lieben und vertrauen« in den Katechismen zur Erklärung des ersten Gebots. So nicht nur zu sprechen, sondern im Sinne der Rechtfertigungslehre auch systembewusst zu denken und dieses neue Denken schulmäßig auszuarbeiten entsprach aber nicht mehr Luthers Lebenssituation und Interessenlage. Als dies dann, verbunden mit den Konfessionsbildungen in der sogenannten altprotestantischen oder Barock-Theologie des 17. Jahrhunderts, vielfältig und mit Eifer nachgeholt werden soll, sind es allerdings wieder und vor allem die aristotelischen Denkwerkzeuge, die zur Verfügung stehen. Sie dienen jetzt dem theoretisch eloquenten und lehrmäßigen Nachweis der jeweiligen Konfessionsüberlegenheit, damit aber auch der bewussten Herausarbeitung einer philosophisch allgemeinen Ontologie, die mit der metaphysischen Gotteslehre und zumal der Offenbarungstheologie nicht einfach zusammenfällt, sondern von Letzteren nach Funktion und Kontext abzuheben ist.[6] Die Fra-

---

[6] Vgl. die exemplarische Übersicht der unterschiedlichen Begriffs- und Schulbildungen bei W. SPARN, »Ontologische Metaphysik versus metaphysische Religion. Inwiefern erfordert die theologische Analyse von Religion metaphysisches Denken?«, in: H. DEUSER (Hg.), *Metaphysik und Religion. Die Wiederentdeckung eines Zusammenhanges*, Gütersloh 2007, 9–59, hier 23–39.

ge, ob es im Blick auf die Moderne hier bereits zu wirklich neuem Denken kommt, etwa in einem existentiell-theologischen Begriff von *Existenz* im Sinne von Verwirklichung und offener Lebensform, wie es Carl Heinz Ratschow vorgeschlagen hat,[7] oder ob diese Art theologischer Scholastik dann einfach nur überrollt wird von den Systemphilosophien der Aufklärung und des deutschen Idealismus, kann hier offen bleiben. Für die Geschichte der Metaphysik[8] gilt jedenfalls, dass sich die platonischen und aristotelischen Ausgangskonstellationen[9] durchhalten – mit allen dazugehörigen Problemen für die Theologie:

(1) Das *Souveränitätsproblem*: Wird Metaphysik als – denkautonome oder natürliche – Frage nach dem Grund aller Dinge verstanden, so scheint jede Bestimmung dieses Grundes zugleich den religiösen Glauben mit zu betreffen, seine Gottesvorstellung wäre präformiert (was positiv oder negativ bewertet werden kann), und die religiösen Texte und Lebensformen hätten ihre volle Souveränität abgegeben. Ein Beispiel ist das katholisch-scholastische Aufbaumodell von Natur und Gna-

---

[7] C.H. Ratschow, *Gott existiert. Eine dogmatische Studie*, Berlin 1966. Zur kritischen Sicht dieser Interpretation von Christoph Scheiblers (1589–1653) Metaphysik vgl. W. Sparn, *Wiederkehr der Metaphysik. Die ontologische Frage in der lutherischen Theologie des frühen 17. Jahrhunderts*, Stuttgart 1976, 159–163.

[8] Vgl. D. Korsch, »›Gott selbst ist kein System, sondern ein Leben.‹ Schellings Metaphysik des Lebens«, in: P. Bahr / S. Schaede (Hg.), *Das Leben. Historisch-systematische Studien zur Geschichte eines Begriffs*, Bd. 1, Tübingen 2009, 509–524, hier 511 f.

[9] Vgl. die lexikalischen Übersichten von W. Schulz, »Metaphysik«, in: *Die Religion in Geschichte und Gegenwart*, Bd. 4, 3. Aufl., Tübingen 1960, 908–913; L. Oeing-Hanhoff et al., »Metaphysik«, in: *Historisches Wörterbuch der Philosophie*, Bd. 5, Basel 1980, 1186–1279; J. Mittelstrass, »Metaphysik«, in: *Enzyklopädie Philosophie und Wissenschaftstheorie*, Bd. 2, Mannheim 1984, 870–873; R. Enskat, »Metaphysik«, in: *Die Religion in Geschichte und Gegenwart*, Bd. 5, 4. Aufl., Tübingen 2002, 1171–1176; W. Detel, *Metaphysik und Naturphilosophie* (Grundkurs Philosophie 2), Stuttgart 2007.

de im Gegenüber zur vorrangig soteriologischen Verankerung des reformatorischen Rechtfertigungsglaubens.[10]

(2) Das *Ontologieproblem*: In den klassischen Belegstellen bei Aristoteles hat Metaphysik die drei Gegenstände der »ersten Prinzipien und Ursachen« (Met. A 2, 982 b), des »Seienden als Seienden« (Met. E 1, 1026 a) und der Notwendigkeit »Gottes« (Met. Λ 6–9). Nach heute gängigem Sprachgebrauch[11] deckt *Ontologie* nur noch den zweiten dieser Gegenstände ab, *Metaphysik* dagegen alle drei. Anders gesagt: Metaphysik kann kosmologisch und theologisch verkürzt aufgefasst und, begriffsanalytisch verstanden, auf Ontologie konzentriert werden. Religionsphilosophie wie Theologie haben es dann allein mit einem sich, theologisch gesehen, neutral gebenden Seinsbegriff zu tun, der dem ontologischen Status der Religiosität nützlich sein kann oder auch nicht, der der Frage ihrer philosophischen Anerkennung aber jedenfalls skeptisch gegenübersteht. Ein Beispiel ist Heideggers *Fundamentalontologie* im Verhältnis zu Bultmanns *existentialer Interpretation.*[12]

(3) Das *Begriffsproblem*: Sofern Religiosität als situatives, unmittelbares und unbedingtes Bestimmtsein (*ultimate concern*[13]) verstanden wird (durch das, was die theologische Tradition *Offenbarung* nennt), entsteht der Konflikt zwischen begrifflicher Verständigung durch Verallgemeinerung einerseits und der unersetzbaren Konkretion des jeweiligen Lebenszusammenhanges andererseits. Muss nicht systematisches Begreifen gerade vom religiösen Glauben ausgeschlossen oder ferngehalten werden, weil Glaube im Kern sich nicht oder nur

---

[10] Vgl. SPARN, »Ontologische Metaphysik«, 17–19.

[11] Vgl. DETEL, *Metaphysik*, 25.

[12] Vgl. H. DEUSER, »Bultmann und Heidegger. Freundschaft und Marburger Gemeinsamkeit in der Sache – trotz allem«, *Philosophische Rundschau* 56.3 (2009), 258–266.

[13] Zum Bezug auf Paul Tillich und Robert C. Neville vgl. H. DEUSER, *Religionsphilosophie*, Berlin–New York 2009, 12 f.

verzerrend denken lässt? Oder muss nicht eine wahrhaft realistische Metaphysik gefordert werden, die sich dieser »fallacy of misplaced concreteness« (A.N. Whitehead) nicht schuldig macht, Erleben nur nach äußerlichen Kausal- und Begriffsverhältnissen bestimmen zu wollen?[14]

(4) Das *Kosmologieproblem*: Die klassische Metaphysik hatte sich dem Wort und der Sache nach immer an der *Physik* orientiert, und es ist nicht zuletzt die neuzeitliche Naturwissenschaft gewesen, die der alten Metaphysik gerade diese Grundlagen entzogen hat. Gegenstände »jenseits der Erfahrung«, wie Immanuel Kant es beschrieben hat, geraten dann in ein schiefes Licht, im Ernst wissenschaftlich nicht mehr brauchbar zu sein, nur noch wie »Schaum« »oben auf« zu schwimmen.[15] Genau dies charakterisierte seither auch die Rolle der Theologie, wenn sie sich, ausweichend oder kritisch, zu den naturwissenschaftlich-empirisch entworfenen Weltbildern zu verhalten suchte. Der theologischen Kosmologie, einmal eine biblisch-traditionelle Selbstverständlichkeit, war jegliche Plausibilität im Blick auf eine konkurrenzfähige Realitätssicht entzogen, und erst die modernen Geschichts- und Naturwissenschaften haben für beide Seiten die Theoriebedingungen wieder in Bewegung gebracht. Daran orientierte Metaphysik und Naturphilosophie reflektieren heute die jeweils aktuellen Fortschritte und Modelle der (naturwissenschaftlichen) Kosmologie, und die Korrespondenzen zwischen (nicht-fundamentalistischer) Schöpfungstheologie und kreativem Prozessuniversum liegen auf der Hand.

---

[14] Vgl. R. Wiehl, *Zeitwelten. Philosophisches Denken an den Rändern von Natur und Geschichte*, Frankfurt am Main 1998, 115; A.N. Whitehead, *Process and Reality. An Essay in Cosmology*, hg. von D.R. Griffin / D.W. Sherburne, New York 1978, 18.

[15] I. Kant, *Prolegomena zu einer jeden künftigen Metaphysik, die als Wissenschaft wird auftreten können* (1783), A 24, A 34; *Werke in zehn Bänden*, hg. von W. Weischedel, Bd. 5, Darmstadt 1968, 124, 131.

(5) Das *Pluralismusproblem*: Der mit der platonischen Tradition so überwältigend vorgedachte Einheitsgrund des Einen, Wahren und Guten unterstellt die Geltung höchster Normen, und auch dies war eine selbstverständliche Anknüpfung für die Theologie, die in der metaphysikkritischen Moderne aufgekündigt zu werden schien: Religions- und Lebensformpluralität werden offensichtlich, und ihr Freiheitspathos ist nicht zu widerlegen. Wie aber lassen sich allgemeine Verpflichtungen dann noch begründen, gibt es realitätserschließende ethische Grundsätze, die auch für Religionen bindend sein können, bzw. allgemein bindende ethische Implikationen der Religionen selbst? Ein Beispiel ist Luthers Auslegung der Zehn Gebote.[16]

Aufgrund dieser Knotenpunkte des Metaphysikproblems lassen sich summarisch Bedeutungsfelder und Gegenstände der Metaphysik genauer festlegen: Der klassischen Tradition folgend, wäre Metaphysik die Frage nach dem »Seienden als Seiendem«,[17] aber so, dass diese ontologische Frage (auch *metaphysica generalis*) von der Frage nach dem Grund aller Dinge und damit auch der Gottesfrage nicht abgetrennt wird (*metaphysica specialis*), dass also eine wissenschaftliche Disziplin erwartet wird, die »über das ganze Universum des Seienden Rechenschaft« geben kann, wie es Charles Sanders Peirce formuliert hat.[18] Metaphysik, kurz gesagt, untersucht höchste Generalisierungen auf ihren Realitätsstatus.[19] Dass dies jetzt unter entscheidend veränderten Denkbedingungen geschieht, Metaphysik gerade nicht (wie zuletzt bei Kant) auf ein Schein-

---

[16] Vgl. H. Deuser, *Die Zehn Gebote. Kleine Einführung in die theologische Ethik*, Stuttgart 2002, 29–40.

[17] Vgl. Deuser, *Religionsphilosophie*, 125 f.

[18] C. S. Peirce, »Ereignislogik« (1898), in: *Religionsphilosophische Schriften*, hg. von H. Deuser, Hamburg 1995, 249–265, hier 255.

[19] Vgl. Deuser, *Religionsphilosophie*, 29 f.

jenseits fixiert, sondern als »Beobachtungswissenschaft«[20] konzipiert werden soll – das macht die Unterscheidung zwischen *alter* und *neuer* Metaphysik gerade für die Theologie interessant und produktiv. Primär ist damit eine Epochenunterscheidung gemeint, nämlich der Einschnitt durch die vor allem naturwissenschaftlich motivierten Neuerungen für Philosophie und Theologie seit dem 19. Jahrhundert; sekundär ist damit aber auch eine Wertung impliziert, die als »Good or Bad Metaphysics«[21] auf den Punkt gebracht werden könnte. So ergibt sich im Anschluss an die genannten Problemstücke folgendes Programm konstruktiver Unterscheidungen und neuer Denkmöglichkeiten:

	Alte Metaphysik	*Neue Metaphysik*	*Theologische Disziplinen*	*Kritische Punkte*
1	substantial	relational	Theologische Anthropologie	Seele, Selbst
2	ideal	phänomenal	Gotteslehre	Trinität
3	idealistisch / materialistisch	kategorial-semiotisch	Christologie	Sakrament
4	Naturstatik und Bewegungszeit	Prozess-universum und Evolution	Schöpfungs-lehre	Kontinuum / Ereigniszeit / Unendlichkeit
5	Seinsgüte	Anerkennungs-ethik / *summum bonum: in the long run*	Theologische Ethik	Glaube und Handeln

[20] PEIRCE, »Ereignislogik«, 255.

[21] Vgl. R. RAMAL, »Is There Such a Thing as ›Good Metaphysics‹?«, in: DERS. (Hg.), *Metaphysics, Analysis, and the Grammar of God*, Tübingen 2010, 215–234.

III. Neue Metaphysik und Kosmologie

1. *Substanz* (*ousia*), gar erste Substanz, war der fundamental klärende, aber in gewissem Sinne immer auch rätselhafte Basisbegriff der alten Metaphysik – von seinem platonischen Hintergrund bis zu René Descartes' Leib-Seele-Dualismus. Denn wie soll ein Erstes, das allem anderen zugrunde liegt, überhaupt bestimmbar sein? Wird da nicht ein ›Wesen‹ oder ein ›Etwas‹ bloß unterstellt, von dem Menschen immer nur Gestaltungen wahrnehmen können, in denen die wahre Grundlage sich verbirgt? Platon verlegt also zu Recht das wahre Wesen der Dinge in eine andere als die Erfahrungswelt, und Aristoteles hat doch nicht Unrecht, wenn er das verwirklichte Einzelne realistisch in den Blick nimmt. Unlösbar bleibt, wie die grundlegende Unzugänglichkeit der Substanz mit dem alltäglich selbstverständlichen Umgang mit den Dingen vereinbart werden kann, während die Metaphysik als Wissenschaft die notwendigen Elemente und Bedingungen dieses funktionierenden, lebendigen Zusammenhanges herauszustellen versucht. Es war die Bindung an den Aussagesatz[22] und dessen Ausgang vom zugrunde liegenden Satzsubjekt, das die Substanz-Unterstellung leitete und eine Dinglichkeit vorgab, die den kritischen Nachfragen der induktiv-empirisch denkenden Neuzeit und der an Lebenserfahrung interessierten Moderne auf die Dauer nicht standhalten konnte. Entsprechendes gilt für die scholastische Theologie, die durch die Übertragung des Gottesbegriffs in das Substanzdenken das Problem der Unterstellung eines Ersten nur noch verschärft hatte, sofern dessen Existenz auch noch bewiesen werden konnte. Theologisch basale Vorstellungen bzw. Lehrgegenstände wie Gott als erste Ursache oder die Substanz der Seele werden zum bloßen Zitat einer unwiederholbaren Tradition.

---

[22] Vgl. WIEHL, *Zeitwelten*, 114.

Anders zu denken wäre schon im christlichen Mittelalter möglich gewesen, wenn die spätestens seit Augustin entdeckte Bedeutung der *Relation* nicht nur neben der Substanz, sondern statt dieser konsequent verfolgt worden wäre.[23] Was der christlichen Theologie durch die Trinitätslehre aufgegeben war, das gleichwesentliche Verhältnis der drei ›Personen‹ zugleich mit der Einheit Gottes zu denken, zwingt zur Revision in der Gewichtung der aristotelischen Kategorien und setzt in der Tendenz die Relation auch ontologisch an die entscheidende Stelle. Im anthropologischen Beispiel: Was ein Mensch in der Einheit seiner Person eigentlich *ist*, lässt sich nicht *substantial*, sondern nur *relational*, d. h. im Selbstverhältnis zum Ausdruck bringen. Dann muss kein quasi dingliches Substrat aufgespürt werden, um das unverlierbar Menschlich-Personale identifizieren zu können, sondern so zeichen- und objektvermittelt, wie alle humanen Wahrnehmungs- und Erkenntnisprozesse ablaufen, gewinnt sich auch das *Selbst* der Person. Das leibseelische Verhältnis des ›inneren Menschen‹ wird dabei noch einmal als Verhältnis bewusst und stellt damit strukturell gesehen die Frage nach dem Grund solcher Relationalität.

Diese anthropologische Strukturangabe formuliert eine höchste Generalisierung, ist damit Teil einer – neuen – Metaphysik der Person und zeigt die folgenden Vorteile:

- Sie ist den allgemeinen wissenschaftlichen Prinzipien, etwa dem Fallibilismus, verpflichtet, also jeder kritischen Diskussion zugänglich.
- Sie ersetzt die traditionelle Seelenlehre bzw. integriert deren Sinn in einem relationalen Modell auf semiotischer Grundlage.
- Mit der im Selbstverhältnis angelegten *Frage nach dem Grund* ist zugleich die religiöse Dimension solcher Relatio-

[23] Vgl. z. B. Abaelard in der Tradition Augustins, in: Deuser, *Religionsphilosophie*, 158; im Folgenden zum Selbstverhältnis ebd., § 18.1.

nalität ins Spiel gebracht, aber nicht definitiv oder lebensformbestimmend beantwortet.

- Bezüglich des *Souveränitätsproblems* wird also nicht inhaltlich über religiösen Glauben bzw. theologische Anthropologien im Detail vorweg entschieden, d. h. die Theologie hat nicht ihre Souveränität aufgegeben; wohl aber kann sie im angebotenen Strukturmodell den existentiellen Ort markieren, an dem die Relevanz von Phänomenen wie Sünde, Schuld, Vergebung, Glaube etc. mitvollziehbar wird, deren konkrete Aneignung in ihrem Ereignischarakter auch plausibel werden kann.
- Umgekehrt betrachtet ist es zudem so, dass dieses Strukturmodell kritisch gegen die neuzeitliche – alte – Metaphysik gerade aus theologischem Interesse entworfen wurde, nämlich in Kierkegaards Schrift *Die Krankheit zum Tode* (1849). Die wissenschaftlich-religiöse Komplexität des zugleich betroffenen Theorie- und Existenzproblems, wie es mit jeder ernsthaften Anthropologie verbunden ist, hält Kierkegaard aber in einer bewundernswerten Balance: Das relationale Selbst wird von einem pseudonymen, aber betont christlichen Autor verantwortet, allerdings im ersten, mehr philosophisch-analytischen Teil der Schrift, deren durchaus als *metaphysisch* (im neuen Sinn) zu bezeichnender Denkansatz erst im zweiten Teil in lebensnahe und unumwunden religiöse Situationsbestimmungen übergeht.
- Für den semiotischen Begriff der *Relation* kann deshalb gesagt werden, dass er sowohl nach seiner theoretischen Leistung wie nach seiner existentiellen Offenheit im Sinne eines *ontologischen Realismus*[24] interpretiert werden kann: Nicht nur jeder einzelne Mensch ist ein Selbst, sondern Menschen ganz generell sind als Selbstverhältnis verfasst.

---

[24] Zum Begriff des »ontologischen Realismus« vgl. DETEL, *Metaphysik*, 20–22, 24 f.

2. Die platonische *Idee* und das *Ideal* höchster Vernunfttätigkeit haben die alte Metaphysik dazu verleitet, tendenziell das Materielle, das Körperliche, das affektive Leben nur nachgeordnet bewerten zu können, weil ohne die idealen Formkräfte nichts Bestimmtes vorstellbar erschien. Die konstruierende geistige Leistung braucht zwar ihr Material, aber als das zu gestaltende Fremde. So stehen noch für Kants Transzendentalphilosophie, die doch die empirische Seite der Begriffsbildung so entschieden verlangt, die apriorischen Vernunft- und Verstandestätigkeiten im hellen Licht der aufklärenden Philosophie; und metaphysikkritisch wird zugleich das *Ideal der reinen Vernunft*[25] auf die Produktivität von Ideenbildungen begrenzt, die keine wirklichen Erfahrungsgegenstände mehr sein können. *Ideen* heißen jetzt bloß theoretische Möglichkeiten, die ohne empirische Anschauung schwebend bleiben müssen.

Für die Theologie bedeutete solche Kritik der traditionellen (scholastischen) Gottesidee entweder die Abgabe der theologischen Souveränität an die philosophisch vorgeschriebene Vernunftreligion oder den Rückzug aus dem Darstellungsfeld der theoretischen Vernunft und damit den Verlust eines wissenschaftlich-ontologischen Anspruchs. In dieser Verteidigungsstellung erscheint das Pochen auf theologisch autarke Kategorienbildungen, die sich z.B. der biblischen Vorstellungswelt oder der persönlichen Frömmigkeit verdanken, zwar als verständlich, aber doch als Notlösung. Denn es käme ja darauf an, den wissenschaftlichen Ort religiöser Kategorien auch vor dem Forum der Wissenschaften angeben zu können, soll die Theologie nicht auf Religionsgeschichte verkleinert werden. Ob und wie der Gottesglaube wahr ist, d.h. reale Erfahrungen zum Ausdruck bringt, das kann nicht ohne sachgemäße ontologische Klärungen bestimmt werden. Im günstigsten Fall

---

25 I. Kant, *Kritik der reinen Vernunft* (1781/1787), Transzendentale Dialektik, Drittes Hauptstück.

müssten theologische und metaphysische Denkarbeit hierin ein gemeinsames Interesse verfolgen.

Werden nun die Vormacht der Ideenwelt und die von ihr verursachte Abwertung des sinnlichen Lebens in der Moderne aufgegeben, können die Dinge, vermittelt in unseren Erfahrungen, so erscheinen, wie sie sind – ohne dass ihnen vorweg ein Schema, etwa das des Aussagesatzes, vorgeschrieben wäre. Peirce hat vorgeschlagen, die hier zuständige, höchst generelle Wissenschaft als Phaneroskopie oder Phänomenologie zu bezeichnen:[26] keine apriorisch reine Theorie (diese Funktion haben die Mathematik und der formale Begriff der Relation), sondern gerade das Aussein auf die Fülle des Gegebenen, des Gegenwärtigen, das sich von selbst nach Qualitäten, Objektbeziehungen und Verhaltens- bzw. Darstellungsweisen gliedert. Diese Offenheit ist der Sinn dieser *ersten* Wissenschaft, und auf der Basis solcher Phänomenologie kann dann auch in neuem Verständnis von Metaphysik gesprochen werden. Diese Wissenschaft, so schreibt Peirce 1898, mag zwar als »rückständig« erscheinen, doch die dafür in der Regel angegebenen Gründe sind unzutreffend:[27]

- Alle Wissenschaften beruhen auf Beobachtungen, aber bereits die Konklusionen aufgrund von Erfahrung führen in Verallgemeinerungen, die nicht mehr zu beobachten sind. Solch ein Jenseits von Erfahrung kann also gerade kein Einwand gegen eine neue Metaphysik als Wissenschaft sein.
- Die Kompliziertheit entwickelter Naturwissenschaften liegt weit höher als im Fall der Metaphysik, die auf das Gegeben-

---

[26] Vgl. DEUSER, *Religionsphilosophie*, 3, 417; vgl. im Folgenden DERS., »Trinität. Relationenlogik und Geistesgegenwart«, in: *Was ist Wahrheit anderes als ein Leben für eine Idee. Kierkegaards Existenzdenken und die Inspiration des Pragmatismus. Gesammelte Aufsätze zur Theologie und Religionsphilosophie*, hg. von N.J. CAPPELØRN / M. KLEINERT, Berlin–New York 2011, 588–603, insb. 590–592.

[27] Vgl. zum Folgenden PEIRCE, »Ereignislogik«, 250–252, 254 f.

sein der Dinge aus ist und insofern auf konkrete Lebenserfahrungen hin abstrahiert.

- Die höchsten Generalisierungen der Metaphysik, beispielsweise Raum und Zeit, werden in den Geistes- und Naturwissenschaften bereits vorausgesetzt, ob diesen das bewusst ist oder nicht.
- Dass Peirce für die Rückständigkeit der Metaphysik die Theologie verantwortlich macht, liegt daran, dass er deren Vertreter nicht für Wissenschaftler, sondern für erfolgsorientierte Berufspraktiker hält – und so entsteht, gleichgültig zu welcher Epoche, ›schlechte‹ Metaphysik.
- Was den Gottesgedanken betrifft, so ruht dieser ganz in den phänomenologischen, dreigliedrigen Basiserfahrungen, reklamiert also keinen abstrakten Theismus (der alten Metaphysik); vielmehr kann die Relationalität der religiösen Erfahrung von Beginn an trinitarisch entfaltet werden.
- Trinitarische Erfahrung besagt, dass formal oder strukturell bestimmt eine intensionale Relationenlogik vorausgesetzt wird, die auf konkrete Handlungssituationen beziehbar ist, so wie z. B. Augustin die Trinität hat erläutern können.
- Dazu gehört schließlich die kategoriale Stufung der Dreigliedrigkeit: Unterscheidbar sind jeweils die kreative Qualität an erster Stelle, die zweistelligen empirischen Bezüge an zweiter Stelle und schließlich die Darstellung des Verhältnisses beider an dritter Stelle (z. B. Liebender – Geliebte – Liebe).
- Der bekannte theologische Einwand gegen die – leidensunfähige – Einheit des theistischen Gottesbegriffs (der alten Metaphysik) ist folglich für die neue Metaphysik der trinitarischen Gotteserfahrung von vornherein deplatziert. Anstelle idealisierter Einheit und bloßem Geheimnis einer unbegriffenen Trinität, die in der Geschichte des Christentums zeitweise eher nach Glaubenszwang aussah, steht dann eine dreigliedrige Phänomenologie, die mit der religi-

ösen Offenheit universaler Erfahrung korrespondiert und den Relationsbegriff für das Verständnis der Trinität heranziehen kann. Auch die Trinität ist ein schöpferisches Geheimnis, das sich denken lässt.

3. Dass (rationales) *Begreifen* konkretes Erleben ausschließt, hat die Metaphysikkritik der Moderne gern behauptet. Hierzu wäre in der Tradition tatsächlich auch zwischen ›guter‹ und ›schlechter‹ Metaphysik bzw. Theologie zu unterscheiden, denn z.B. die mystischen Traditionen in Antike und Mittelalter waren ja gerade auf dieses Problem aufmerksam, und die *negative Theologie* gibt bis heute dafür die besten Beispiele. Wird aber Allgemeinbegriffen generell der Realitätsgehalt bestritten, so bleibt, neben den Formalwissenschaften, allein der Rückgriff auf »matters of fact« (David Hume[28]). Anders gesagt: Die empiristischen, materialistischen oder nominalistischen Alternativen zur Vorherrschaft der apriorischen Ideentätigkeit sehen das Denken allein auf der Ebene bloßer Möglichkeiten, die die empirische Wirklichkeit immer nur probabilistisch zu spiegeln vermögen.

So verständlich solches Pathos der Wirklichkeitsorientierung gegenüber der Machtstellung nicht mehr zu vollziehender Jenseitsbehauptungen alter Metaphysik erscheint: Die phänomenologisch unbestreitbare Angewiesenheit und Zuordnung von subjektiven und objektiven Anteilen jeder Wahrnehmung und aller Erkenntnis mindern die Attraktivität auch dieses idealistisch-materialistischen Dualismus. Er löst sich vollständig auf, wenn die Zeichenvermitteltheit von allen natürlichen und geistigen Prozessen konsequent in Anschlag gebracht wird, wie es z. B. in Peirce' kategorialer Semiotik,[29] die sich zu einer

[28] D. Hume, *Eine Untersuchung über den menschlichen Verstand* (1748), IV. Abschnitt.

[29] Vgl. zur Übersicht Deuser, *Religionsphilosophie*, § 10.2; H. Deuser,

evolutionären – neuen – Metaphysik entwickeln konnte, der Fall ist. Der Realitätsstatus von Begriffen regelt sich dann im Sinne von empirisch gebundenen (semiotisch: Objektrelation), wahrnehmungsabhängigen (semiotisch: primäre Zeichenqualität) Generalisierungen (semiotisch: Interpretantenrelation), deren Sachhaltigkeit in ihren Gesetzesaussagen, Verhaltensregeln oder eben Allgemeinbegriffen besteht, auf die wir uns wissenschaftlich wie alltagsweltlich verlassen können. Ihnen kommt pragmatische Handlungssicherheit zu, solange nicht real berechtigter Zweifel zu Korrekturen führt. Insofern vertritt dieses Modell einerseits einen Begriffsrealismus, so wie naturwissenschaftliche Gesetzesaussagen, obwohl diese als solche nicht empirisch sind, Realität zum Ausdruck bringen; andererseits nicht-reduzierte Erfahrungsbindung und Korrekturfähigkeit, wie sie zum Standard der wissenschaftlichen Moderne gehören. Die vielfachen Zuordnungsverhältnisse von Wahrnehmungen, empirischen Gegenständen und deren Interpretationen regeln sich durch entsprechend differenzierte Zeichenformen (Peirce' kategorial abgeleitete Zeichenklassifikation), von deren Zuständigkeit nichts ausgeschlossen werden kann. Naturwissenschaften und Theologie unterscheiden sich selbstverständlich, können sich mit diesen Unterschieden aber im selben System der Zeichen- und Wissenschaftsklassifikation orientieren und verstehen.

Am Beispiel der Christologie bzw. der Sakramentenlehre lassen sich diese wissenschaftssystematischen Vorteile belegen und erklären: Nicht nur für die metaphysikkritische Moderne war die personale Einheit göttlicher und menschlicher ›Natur‹ schwer oder gar nicht vollziehbar. Die begrifflichen Möglichkeiten der alten Metaphysik waren nicht geeignet, eine aus

---

»Gottes Poesie oder Anschauung des Unbedingten? Semiotische Religionstheorie bei C. S. Peirce und P. Tillich«, in: *Was ist Wahrheit*, 604–625, hier 619.

getrennten Qualitäten zusammengesetzte Einheit wirklich zu denken. Das ändert sich, wenn ein Darstellungsverhältnis zwischen ursprünglicher, d. h. vorbegrifflicher Qualität (der kreativen Kraft des Vaters), ihrer geschichtlichen Darstellung im Sohn des Vaters und der das Verhältnis erschließenden Liebe als religiös wirksames Ereignis vorgestellt wird. Es garantiert in seinem Auftreten die situative Erfahrungseinheit und lässt diese doch auch gliedern gemäß Ursprung, Darstellung und Verhältnis selbst – so wie es die Gleichnisse Jesu vorbildlich entworfen haben. Semiotisch noch etwas genauer bestimmt, wären das Zusammenspiel von ikonischer Qualität im Ursprung, indexikalischer Bezugnahme unter Erfahrungsbedingungen und symbolischer Einheit dieser Relationalität unterscheidbar. Nur so kann Göttliches menschlich erscheinen und in Darstellungsprozessen angeeignet werden.

Dass und wie sich solche Symbolisierungsprozesse gestuft und verkettet aufbauen und dabei die ursprüngliche Darstellungs- und Aneignungssituation verändert bewahren, lässt sich gut an der (lutherischen[30]) Sakramentsvorstellung zeigen. *Realistisch* aufzufassen sind die in der Sakramentsfeier, hier am Beispiel des Abendmahles, vielfältig vorkommenden Symbolisierungen – nicht weil sie begrifflich-substantial etwas behaupteten, was dann seiner Materie nach unerkennbar bleibt (alte Metaphysik), sondern weil sie als symbolische Erinnerung, Rede und Handlung dreifache Geistesgegenwart vermitteln: Sie bringen in der Leidenserinnerung die schöpferische Gottesliebe in die Präsenz des Christusbildes (ikonische Funktion), sie bringen in Wort und Elementen den geschichtlichen Erfahrungszusammenhang in das Ritual (indexikalische Funktion), und sie bringen im Handlungsvollzug von leibhaftigem Essen und Trinken die »Seinsmächtigkeit«

[30] Vermittelt über die Interpretation Tillichs, vgl. in diesem Band Essay 6, insb. 139–142.

(mit Paul Tillichs Wort[31]) des Natürlichen zu einem geistigen Ausdruck (symbolische Funktion). Denn das hier wirksame Natürliche ist das Qualitativ-Kreative *vor* aller Subjekt-Objekt-Bestimmung. Solche Geistesgegenwart vermag nur die religiöse Sprachhandlung zu gewinnen, und ihr Realismus lässt sich kategorial-semiotisch erklären: Zeichenvermittelte Realität umfasst immer den kreativen Möglichkeitsraum zusammen mit Existenzerfahrung und Geistesgegenwart in der Aneignungs- und Handlungssituation. Begriffsbildungen, das Allgemeine und das Konkrete sind Elemente dieses Realismus vollständiger Erfahrung.

4. *Natur* und *Kosmos* zugleich naturwissenschaftlich und metaphysisch verstehen zu können war der alten Metaphysik wie eine Prämisse, für die Metaphysikkritik bedeutete die Mechanik von Galilei bis Newton das Ende der christlich-aristotelischen Kosmologie, und für die neue Metaphysik sind die Revolutionen in den Grundlagen von Physik, Biologie und Mathematik des 19. und 20. Jahrhunderts der entscheidende Wendepunkt. Fünf Stichwörter können diese wahrhaft radikalen Umstellungen im Weltbild der Moderne illustrieren:

- Anstelle der Geometrie Euklids (z. B. Parallelenaxiom) und der absoluten Stellung von Raum und Zeit (Newton) gilt seit 1905 Albert Einsteins Entdeckung des *Raum-Zeit-Kontinuums* und seit 1915 der *Raumkrümmung* aufgrund der Gravitationswechselwirkung.
- Die alte Vorstellung einer gleichmäßigen Raumausfüllung wird 1900 ersetzt durch Max Plancks Entdeckung des *Wirkungsquantums* im atomaren Bereich.
- Die mechanische Determination allen Geschehens wird

[31] P. Tillich, »Natur und Sakrament« (1930), in: *Main Works / Hauptwerke*, Bd. 6: *Theological Writings / Theologische Schriften*, hg. von G. Hummel, Berlin–New York 1992, 151–188, hier 162; vgl. auch 156.

seit Werner Heisenbergs Formulierung der *Unschärferelation* (1927) ersetzt durch kontingente, probabilistische Ereignisfolgen.

- Die strenge Objektivierbarkeit des Naturgeschehens ist nicht mehr vereinbar mit der neuen Mathematik der transfiniten Mengen (Georg Cantor, 1845–1918), einer auf deren *Unendlichkeit* begründeten Vorstellung des Kontinuums (Peirce) und Kurt Gödels Nachweis (1931) der prinzipiellen Unvollständigkeit jedes arithmetischen Systems.
- Die Naturstatik etwa im Bestand der biologischen Artenvielfalt wird seit Charles Darwin (1859) ersetzt durch ein umfassendes Entwicklungsmodell erklärbarer Kontingenz: *Evolution* – ein Modell, das heute über die Biologie hinaus als *Prozessuniversum* in Natur und Kultur aufgefasst werden kann.

Die Übersicht zeigt einerseits die Verluste an Weltbildstabilität der alten Metaphysik, andererseits aber auch die Weltbildöffnungen hin zu Erfahrungen wie Ereignis, Geschichtlichkeit, Prozess etc. – Begriffe, die sonst eher geisteswissenschaftlich zugeordnet werden konnten. Einen wirklich umfassenden Prozess von Ereignisfolgen zu denken hat ganz fundamental aber zwei Bedingungen: (a) Die Realität des Universums liegt wesentlich in seiner Entwicklung, d.h. die abschließende Wahrheit dieser Prozesse wird sich erst in einer allgemeinen Übereinstimmung am Ende aller Dinge herausstellen; sich in diesem Punkt auf mehr oder vorweg absolute Wahrheit berufen zu wollen wäre nur »eine Fiktion der [alten!] Metaphysik«.[32] (b) Mit dem Prozess integriert ist dann aber auch das Zusammenspiel von Zufall, Regelmäßigkeit und Geist anzunehmen.

[32] C.S. Peirce, »Frasers Ausgabe der Werke von George Berkeley« (1871), in: *Schriften zum Pragmatismus und Pragmatizismus*, hg. von K.-O. Apel, Frankfurt am Main 1976, 106–138, hier 116 f.

Dass Menschen als »symbolic species« (Terrence Deacon[33]) bezeichnet werden können und müssen, hat offenbar Phänomene der *Emergenz* zur Voraussetzung.[34] Das ist keine substanz-metaphysische Unterstellung, sondern das Ergebnis einer semiotisch und naturphilosophisch interpretierten Kosmologie auf naturwissenschaftlicher Basis. Dann und nur so kommt es zu neuer Metaphysik.

Die so beschriebene Geschichtlichkeit des Prozessuniversums korrespondiert nun mit der biblisch-christlichen Schöpfungsvorstellung durchaus besser als das aristotelische Weltbild, und es ist der Begriff der *Kreativität*, ohne den die ebenso lebensnahen, existentiellen wie kosmologischen Phänomene gar nicht denkbar wären. Der Schöpfungsakt selbst ist dabei keiner Beobachtung zugänglich, das gilt für die Modelle des kosmologischen Beginns von allem genauso wie für das kreative Auftreten von Neuem in der geschichtlichen Zeit. Insofern kommt dem kreativen Akt ein unbedingter Vorrang zu: der Vorrang des Unbedingten, wie ihn der religiöse Glaube seit je zum Ausdruck bringt. Kosmologien, die empirisch an Messdaten orientiert sind, setzen die metaphysische Bedeutung des Neuen schon voraus, stoßen aber auch darauf in der kontingenten Ereigniszeit, in der Produktivität des Zufalls und in der nicht-deterministischen Regelhaftigkeit der Naturprozesse.

Was der religiöse (christliche) Glaube als Schöpfergott zu Recht verehrt, kann und darf nicht raumzeitlich verobjektiviert werden, und diese Anforderung lässt sich über die Vorstellung

---

[33] Zu Deacons These (*The Symbolic Species*) der evolutionären (emergenten) Semiotik vgl. die Übersicht in: T. W. Deacon, »Multilevel Selection in a Complex Adaptive System. The Problem of Language Origins«, in: B. H. Weber / D. J. Depew (Hg.), *Evolution and Learning*, Cambridge–London 2003, 81–106.

[34] Vgl. P. Clayton, *Emergenz und Bewusstsein. Evolutionärer Prozess und die Grenzen des Naturalismus*, Göttingen 2008; zu dieser Argumentation im Einzelnen vgl. in diesem Band Essay 1.

des Infinitesimalen und des aktual unendlichen Kontinuums auch wieder kosmologisch zuordnen. In Peirce' evolutionärer Metaphysik wird das Prozessuniversum als partiell in seinen kreativen Ermöglichungen erschließbar (Gefühlsqualität) und in instinktiven Vernunftschlüssen auch denkbar konzipiert, und die Gottesvorstellung trägt das dazu unumgängliche Vertrauensverhältnis (religiöser Glaube, »faith«). Die im Kontinuum wirksamen Differenzmomente des qualitativen Zeitgefühls erklären sich dann über Intervalle, die sich überlagern und so als qualifizierter Augenblick bzw. Ereigniszeit erklärt werden können.[35] Whiteheads Kosmologie ist im Ganzen schon so angelegt, dass das Prozessuniversum selbst als raumzeitliches *Werden* gilt. Es gibt kein Außerhalb des Prozesses, *Ereignisse* sind raumzeitlich, und dieses Sich-im-Prozess-Befinden lässt sich wissenschaftlich wie religiös zum Ausdruck bringen und bearbeiten. Die Unsichtbarkeit Gottes und die ›Fülle der Zeit‹ seiner Erfahrung gehören zusammen.

5. *Einheit* geht vor *Vielheit*, dieser Grundsatz alter Metaphysik galt gerade auch für die Ethik, die sich aus der einen und wahren Seinsgüte herleitet. Die ontologische Zusammenschau des idealen Seins mit dem Guten, wie sie Platons Sonnengleichnis inauguriert hatte,[36] die aristotelische Verlegung des Guten in das Streben (letztlich nach dem *summum bonum*) und die Anwendung von beiden Traditionen auf die biblische Gottesvorstellung in der christlichen Metaphysik des Mittelalters führten zu der These, dass »alles« »auf ein einziges Gutes als das letzte Ziel hingeordnet« ist und dass »Gott« als »erste Ursache« auch »das letzte Ziel von allem« ist.[37]

---

[35] Vgl. hier und im Folgenden DEUSER, *Religionsphilosophie*, § 11; WIEHL, *Zeitwelten*, 36–38. Vgl. auch in diesem Band Essay 2, Abschnitt IV.

[36] Vgl. *Politeia*, Buch VI, 508 a–509 b; vgl. DEUSER, *Religionsphilosophie*, § 4.2.

[37] THOMAS VON AQUIN, *Summe gegen die Heiden*, Buch III/1, hg. von

So schön dieser Gedanke auch erscheint, seine Begründung hängt an der Überzeugungskraft der dazu verwendeten Grundbegriffe, die allesamt aber weder physikalisch noch metaphysisch den heute geltenden Denkbedingungen standhalten. Hinzu kommt theologisch gesehen die Frage nach der Instanz solcher Einsicht in das natürlich-göttliche Gute, mit anderen Worten: das schon genannte Souveränitätsproblem zwischen Religion und (alter) Metaphysik. Der nahtlose Übergang zwischen den soteriologischen Textstellen der Bibel und der denkmächtig vollzogenen Einsicht in die Seinsgüte Gottes kennt noch nicht den existentiellen Einspruch von Zweifel und Verzweiflung, ob denn das von Sünde und Tod gezeichnete Leben jener Seinsgüte gewiss sein könne; eine Situation, die erst durch den Wechsel von Sünde und Glaube ihre Lösung finden kann, und das betrifft mit der Existenzerfahrung auch die Einsicht und den Begriff des Guten – im Gegensatz zum Bösen.[38]

Für eine neue Metaphysik stellt sich das Verhältnis von *Glaube* und *Handeln* nicht mehr als schon vorhandene Strebenseinheit mit der Seinsgüte dar, sondern als Prozess immer neuer Überzeugungsbildung im Blick auf mögliches Handeln. Kosmologisch gesagt handelt es sich um eine in der Kreativität der Lebenssituation fundierte Vertrautheit mit sich selbst, die sich Bewährungen stellt, Erfüllungen im Handeln sucht und Scheitern verarbeiten kann. Diese Relationalität des guten Handelns bezieht also ihren Sinn, ihre Werte und Normen primär nicht aus externen Zusatzbeurteilungen (›Bewertungen‹), sondern Letztere ergeben sich erst sozial und gesellschaftlich gesehen immer unter der Voraussetzung jener

---

K. Allgaier, Darmstadt 1990, Kap. III, 17, S. 61 und 65. Zur Entstehung der Formel »bonum et ens convertuntur« vgl. K. Riesenhuber, »Gut III«, in: *Historisches Wörterbuch der Philosophie*, Bd. 3, Basel 1974, 955.

[38] Vgl. zu diesem existentiell verwickelten Verhältnis Kierkegaards Analysen der »Angst vor dem Bösen / Guten«, in: *Der Begriff Angst* (1844), Kap. IV, §§ 1 und 2.

ursprünglichen Wertungen im Prozess des Neuen selbst. Deshalb ist so fundierter *Glaube* konstitutiv für eine pragmatische Ethik korrekturfähigen, selbstkontrollierten Handelns.

Das Gute selbst ist demnach realistisch im Prozessuniversum verankert, kulturgeschichtlich gesehen in (sozialen) Verhältnissen der *Anerkennung* des Fremden als Eigenes, und zwar in den Dimensionen des emotionalen, willentlichen und rationalen Handelns. Solche Anerkennung resultiert aus dem Vergleichen auf Gegenseitigkeit und in Solidarität,[39] und so können die Orientierung des gemeinsam Förderlichen und die Normativität des Guten entstehen.[40] In diesem Sinne ist das »gesetz« dem Menschen »ynn das hertz geschrieben«, wie Luther sagt, denn sonst »müste man lang predigen, ehe die gewissen getroffen wurden«.[41] Das impliziert aber auch, dass nicht nur Verhalten und Handeln auf Gegenseitigkeit anerkannt werden, sondern auch deren kreativer Grund in der primären Gefühlsqualität des Glaubens, hier aber mit der Besonderheit, dass die jeweils eigene unbedingte Verpflichtung beim Anderen auch als dessen eigene anerkannt werden muss, ohne meine eigene jemals vorschreiben oder erzwingen zu dürfen – das stünde im eklatanten Selbstwiderspruch zur unanschaulichen Kraft des primären inneren Vertrautseins, sollte es äußerlich verwendet werden. Deshalb ist Pluralität sachgemäß und hier sogar zu fordern, auch und gerade im Blick auf das Gute, das als *summum bonum* dem Prozessuniversum Orientierung gibt. Weil es im Glauben verpflichtet und im Handeln

---

[39] »Solidarität« mit dem »Leben des anderen« kann dann dem Phänomen der »Anerkennung« zugerechnet werden; anders I. U. DALFERTH, *Das Böse. Essay über die Denkform des Unbegreiflichen*, 2. Aufl., Tübingen 2010, 156, 202.

[40] Zur ethischen Grundlegung der Zehn Gebote vgl. DEUSER, *Die Zehn Gebote.*

[41] Predigt zu Ex 20 (1. Gebot), in: Weimarer Ausgabe, Bd. 16, 447,26–35.

korrekturfähig macht, lebt es wie ein realistisches Ideal in der leidenschaftlichen Erwartung, sich am Ende, *in the long run*, herauszustellen. Darin liegt umgekehrt für jede Gegenwart die ethische wie logische Verpflichtung sowohl auf Wahrhaftigkeit wie auf Handeln gemäß dem Guten – weil die humane Unbedingtheit jeweils im kreativen Akt der Freiheit auch verborgen,[42] der Funktionalisierung entzogen und also plural bleiben muss. Neue Metaphysik und die Ethik der Religionen sollten diesen unbedingt selbstverpflichtenden wie selbstkritischen Aspekt verteidigen. Denn das Gute ist kein nominalistisch gedachtes Zuschreibungsetikett im »Universum des Seienden«, sondern es ist realistisch im Prozess selbst am Werk: »das Universum [...] ein großes Symbol für Gottes Absicht [...], das seine Schlussfolgerungen in lebendigen Realitäten herausarbeitet«.[43]

---

[42] Vgl. E. Gräb-Schmidt, »Die Bedeutung reformatorischer Einsichten für die ethische Urteilsbildung der Gegenwart«, *Zeitschrift für Theologie und Kirche* 107 (2010), 479–504, hier 501: »Die Horizonte, die die Rechtfertigungsbotschaft für die Moderne bereithalten kann, bewähren sich also gerade durch ihre *Entzogenheit*, die gleichsam als ihre *Kategorialität* bestimmt werden kann.«

[43] C.S. Peirce, *Vorlesungen über Pragmatismus* (1903), hg. von E. Walther, Hamburg 1991, 78; vgl. auch in diesem Band Essay 4, Abschnitt IV.

4

Wunder als Zeichen der Realität

I. Neue Wunderfrage

Sind Wunder nichts als illusionäre Elemente einer unaufgeklärten Religionsauffassung, oder kommt ihnen, wenn auch ins Ästhetische oder Psychologische transformiert, auch heute noch eine Funktion für den Umgang mit der Wirklichkeit zu? Diese Frage versucht eine knappe Skizze der öffentlichen, subjektiv empfundenen und wissenschaftlichen Diskussionslage im 20. Jahrhundert, sicherlich nicht nur in Deutschland; die alternative Formulierung ist aber nicht so zu verstehen, als ginge es um eine klare Entscheidung für eine der beiden Seiten. Mischungen sind möglich: Gerade der fiktive Gehalt behaupteter Wunder kann ästhetisch, psychologisch, mentalitätsgeschichtlich etc. gesehen reizvoll sein, und zwischen Wirklichkeit und Illusion könnten die Grenzen ganz anders verlaufen, als die empirischen Wissenschaften es bestimmt haben. Dass die Religionen, speziell das Christentum, aber wahr seien, weil sie sich auf Wunder gründen, wird kaum mehr als eine kommunikativ und rational zu rechtfertigende Behauptung anerkannt werden. So gesehen erscheint die Ausgangsfrage jedenfalls in einer Hinsicht zwingend: Empirische Realität im engeren (naturwissenschaftlichen) Sinne wird nicht mehr gemeint sein (falls das je der Fall war), wenn im Geist der Moderne über die Tatsächlichkeit – und nicht nur religionsgeschichtlich – von Wundern gesprochen und ihr Geltungsanspruch beurteilt werden soll. Ist das Wunderproblem aber damit schon erledigt? Steht es nicht, bei aller Religionskritik, für einen erweiterten Sinn von Realität, der die Prozesse des Selbst- und Weltverstehens ganz anders aufschließt als die restriktive Frage nach empirischer oder historischer Tatsächlichkeit?

II. Entmythologisierung

Bemerkenswert und dem genannten Geist der Moderne ganz unangepasst war bereits in der zweiten Hälfte des 20. Jahrhunderts der Einspruch des marxistischen, sich atheistisch verstehenden Philosophen Ernst Bloch gegen die entmythologisierende Wunderinterpretation des Theologen und Exegeten Rudolf Bultmann. Letzterer hatte im Verweis auf das offensichtlich veraltete Weltbild der Bibel die Wunder, jetzt im Rahmen moderner Wissenschaftsauffassung, als nicht mehr nachvollziehbare »Mirakel« bezeichnet.[1] Die alte Kosmologie ermögliche mit ihren Engeln und Teufeln das Durchscheinen des Jenseitigen im Diesseitigen, d.h. eine mirakulöse, magische und mythische Sicht der Wirklichkeit, von der der christliche Glaube gerade nicht abhängig sei und aus der er, methodisch gefasst im Programm der *Entmythologisierung*,[2] geradezu befreit werden müsse. Anstelle unwissenschaftlicher Kosmologien empfehlen sich dann eine moderne Existenzanalytik und Anthropologie, die den Glauben als Gottes Ruf in das wahre Leben auslegen und parallel dazu die Bibeltexte vorbehaltlos historisch-kritisch zu lesen erlauben. Existentielle Botschaft und Wissenschaftsauffassung der Moderne konkurrieren nicht mehr, sondern ergänzen einander.[3]

---

[1] R. Bultmann, »Zur Frage des Wunders« (1933), in: *Neues Testament und christliche Existenz. Theologische Aufsätze*, hg. von A. Lindemann, Tübingen 2002, 84–98, hier 84f.

[2] Vgl. D. Fergusson, »Entmythologisierung«, in: *Die Religion in Geschichte und Gegenwart*, Bd. 2, 4. Aufl., Tübingen 1999, 1328–1330.

[3] Vgl. H. Deuser, »*Elektrisches Licht* und/oder die *Geister- und Wunderwelt des Neuen Testaments*? Rudolf Bultmanns Redlichkeitsfor-

Dagegen hat Bloch eingewandt, diese Wissenschaftsanpassung geschehe um den Preis des Verlusts an Welthaltigkeit: Verloren gehe das Rebellische und Kosmisch-Apokalyptische am Mythos, der »historisch-kosmische Sprengraum« und der »Christus, der so hochexplosiv darin eingelassen ist«.[4] Wunder und Mythen, so vor allem die Auferstehung und das Reich Gottes, enthalten Hoffnungsbilder gegen den Tod; und dass diese nicht bloß illusionär sind, setzt einen real-utopischen Weltprozess voraus, in dem sich die Todesüberwindung herausentwickelt und vorscheint. Genau dies geschieht in der insofern welthaften Veränderungskraft literarischer wie religiöser Bilder, Geschichten und Symbole: »[Jesu] Wunder sind die *Anzeichen* des kommenden Endes« und damit Anzeichen der Weltenwende und des radikal Neuen, der »*Unterbrechung*« und »*des schlechthin guten Inhalts*«.[5]

Der Vorwurf allerdings, das Programm der Entmythologisierung sei privatistisch, politisch naiv existentialistisch und verliere mit dem Kosmischen gänzlich die Weltverantwortung,[6] erscheint zumindest Bultmann gegenüber unbegründet.[7] Die entscheidende Frage aber bleibt, was welthaft, d.h. real durch Wunder – und gerade durch sie – zum Ausdruck kommt, wie und warum sie als »Anzeichen« aufgefasst werden müssen und was sie deshalb von Aberglauben unterscheidet. Die »Unterbrechung« des Gewöhnlichen und der »Sprung« im Gehäuse

---

derung als Kritik der Weltbilder«, in: G. Hartung / M. Schlette (Hg.), *Religiosität und intellektuelle Redlichkeit*, Tübingen 2012, 161–174.

4 E. Bloch, *Atheismus im Christentum. Zur Religion des Exodus und des Reichs*, Frankfurt am Main 1968, 70.

5 E. Bloch, *Das Prinzip Hoffnung*, 3 Bde., Frankfurt am Main 1967, 1542 und 1544 (im Kontext der Kap. 52 bzw. 53).

6 Vgl. Bloch, *Atheismus*, 69.

7 Das belegt nicht zuletzt Bultmanns klarsichtige und aufrechte Haltung 1933; vgl. H. Deuser, »Bultmann und Heidegger. Freundschaft und Marburger Gemeinsamkeit in der Sache – trotz allem«, *Philosophische Rundschau* 56.3 (2009), 258–266.

jedes Determinismus[8] vertreten das, was noch keinen Ort hat, seine Gegenwart aber ansagt – das, was im Erfahrungs- und Weltprozess mitempfunden wird, gerade weil es verborgen ist. Beispielsweise sind Glaube, Hoffnung und Liebe Instanzen für Wunder, die derart zur Erfahrung gehören, dass sie sich indirekte, übertragene Ausdrucksformen schaffen: Zeichenwelten in Bildern, Geschichten und Symbolen. Und in diesem Punkt dürften Bultmanns Existenzhermeneutik und Blochs Hoffnungslehre doch auch übereinkommen.

III. Ästhetisierung

Eine solche versuchsweise konstruktive Behandlung des Wunderproblems scheint sich mit dem 21. Jahrhundert immer mehr durchzusetzen. Das liegt einmal, weltpolitisch gesehen, am machtvollen Auftreten von Religionen in akuten Konfliktfeldern: Religion als Entwicklungs- bzw. Störfaktor ist ohne Zweifel ernst zu nehmen.[9] Zum anderen sind es – jedenfalls für die Konsum- und Medienwelten der Industriestaaten – das spät- oder postmoderne Vermischen und Zulassen von Verschiedenem im kulturellen Austausch, die noch der exotischsten religiösen Praktik und dem abstrusesten künstlerischen Gestaltungswillen die Reverenz nicht versagen können und somit auch wieder einen überraschenden Zugang zum Wunderbaren proklamieren. Ein aktuelles Beispiel ist die Hamburger Ausstellung *Wunder*,[10] denn diese sind par excellence das

---

[8] Vgl. Bloch, *Prinzip Hoffnung*, 1545.

[9] Zu den negativen Effekten dieser erneuerten politischen Religion vgl. S. Alkier et al. (Hg.), *Religiöser Fundamentalismus. Analysen und Kritiken*, Tübingen 2005.

[10] D. Tyradellis / B. Hentschel / D. Luckow (Hg.), *Wunder. Kunst, Wissenschaft und Religion vom 4. Jahrhundert bis zur Gegenwart.* Katalog zur Ausstellung der Deichtorhallen Hamburg, Hamburg–Köln 2011.

Ungewöhnliche, Querstehende und die Welt (nicht nur die wissenschaftliche) auf den Kopf Stellende. Was die Kunstwerke imaginieren und inszenieren, scheint den religiösen Wundern und dem wissenschaftlich schwer Fassbaren auf einmal gleichgestellt: Comics, Marienbilder, Zufallskombinationen, Katastrophen, kosmische Lichter, Gespenstiges, Technisches, Kunstgeschichtliches etc. – was ist ihnen gemeinsam? Das Spiel »mit den Zeichen des Mirakulösen«,[11] könnte man sagen. Und darin schwingt ein negativer Akzent mit, wie schon Bultmann zwischen dem nicht-nachvollziehbaren Mirakel und dem produktiv Wunderbaren unterschieden hatte. Die umfangreichen Textbeiträge zur Ausstellung versuchen aber doch, einen Zusammenhang zu präsentieren, der mehr will, als mit dem Nichtnachvollziehbaren nur zu spielen: Unsere – durchaus wissenschaftlich-technisch geprägte – Wirklichkeit hat etwas Brüchiges, das, mit den Kunstwerken zusammengestellt, eine kreative Wirkung produzieren kann. Das Nichtregelkonforme gibt Anlass nicht nur zum subjektiven *Staunen*, sondern zur objektiven *Öffnung* der Wahrnehmung.[12] Es muss also an der Weltverfassung selbst liegen, dass es das Wunderbare gibt! Doch diese Konsequenz scheint zu weit zu gehen, vorherrschend ist die ästhetische Interpretation, an der Öffnung und Staunen exemplifiziert werden, ohne sich der Frage nach der wunderbaren Wirklichkeit selbst zu stellen. Eher umgekehrt kann ein Fazit lauten: »Dass Wunder jenen geschehen, die an Wunder glauben.«[13] Das ist religions- und ideologiekritisch gut gesagt, überspielt aber die Frage nach der Realität,

[11] D. Haas, »Ich weiß, es wird einmal ein Wunder gesehen«, *Frankfurter Allgemeine Zeitung*, 24.12.2011, 37.

[12] Vgl. die Beiträge von R. Pfaller, »Die Erschwernisse des Staunens«, und D. Tyradellis, »Das Wunder ist eine Öffnung in der Welt«, in: Tyradellis et al. (Hg.), *Wunder*, 237–245 bzw. 13–19.

[13] Z. Bauman, »Gebrauch und Missbrauch der Wunder«, in: ebd., 281–288, hier 288.

zu der das Wunderbare eben nicht als abergläubiges Mirakel, sondern als öffnender Schlüssel einer zum Staunen Anlass gebenden Erfahrung gehören könnte.

Ästhetisch gewendet fällt dieselbe Umorientierung leichter: Die bannende Macht der Bilder christlicher Tradition einmal vorausgesetzt, z. B. in der Kraft unmittelbarer Bestätigung der biblischen Geschichten und Inhalte, folgt daraus bei zunehmender Säkularisierung zwar eine Umorientierung weg von der kirchlichen Interpretationsautorität, aber nicht der Verlust der eigentümlichen Bildkräfte selbst:[14] Diese vermögen die »Wirklichkeit« zu erreichen »an der Schnittstelle zwischen Mensch und (Um-)Welt, Sichtbarem und Unsichtbarem, Gegenwärtigem und Abwesendem«, und der Kunstausstellung kann es gelingen, die für solche Erfahrungen notwendigen affektiven Medien zur Verfügung zu stellen. Was die Narrativität biblischer Wundergeschichten in der Vormoderne einmal garantierte: die Öffnung dieser begrenzten Weltbedingungen aufzusprengen, das fällt als Aufgabe jetzt den Kunstwerken zu – und ihr verbindliches, rahmengebendes Weltbild liefern heute die Naturwissenschaften, ihre narrativen und bildstarken Kosmologien und Evolutionsvorstellungen. Das Wunderbare, so könnte man sagen, überwintert in den Kunsthallen.

Wo aber bleibt dann die Religionskritik? Natürlich muss zwischen Aberglaube und autoritärer Manipulation durch mirakulöse Wirklichkeiten einerseits und der realitätserschließenden Bedeutung des Wunderbaren andererseits unterschieden werden, und das ist religionsintern auch immer schon der Fall gewesen.[15] Es sind eben die geltenden wissenschaftlichen und alltäglichen Verstehensbedingungen, an deren Rändern

---

[14] E. Blumenstein, »Denken im Affekt. Warum die zeitgenössische Kunst ein guter Ort für Wunder ist«, in: ebd., 51–59, hier 51–53, im Folgenden 53 f.

[15] Vgl. E. Schüttpelz, »Die Folklorisierung des Wunders«, in: ebd., 209–216, hier 209 f.

oder in deren Begründungszentrum die besondere Erschließungskraft von Kunst und Religion gefragt sind, das ist in den gegenwärtigen Kosmologien nicht anders als in den alten. Wir vertrauen auf das Urknall-Narrativ wie die Menschen biblischer Zeit auf ihre Schöpfungsmythen, und das Wunder besteht einmal in diesem Schöpfungsakt als solchem – was wäre sonst ›erklärend‹ dazu zu sagen? – und zum anderen im immer wieder Auftreten des Neuen und Unableitbaren einer prozesshaften Realität, die diese Möglichkeiten mit sich führt. Zum Aberglauben dagegen kommt es – in Wissenschaft, Kunst und Religion – immer dann, wenn entgegen den gültigen Rahmenbedingungen des Wissens eine manipulative Sonderwirklichkeit empirischer Effekte behauptet und nachgewiesen werden soll, die die für Empirie sonst geltenden Maßstäbe suspendieren muss.

Die heilsame Durchbrechung des jeweils Bekannten ist das Wunderbare, das es verdient, ästhetisch oder religiös ins Bild gesetzt zu werden, wenn und weil es als affektiv und symbolisch wirksame Verheißung begründet auftreten kann. Dagegen haben vergegenständlichende Auffassungen, die das Wunder bannen, festhalten, empirisch nachweisen wollen, immer die Tendenz zum Mirakelglauben, der noch ganz andere, autoritär-manipulative Absichten verfolgt und deshalb weder vor dem Forum des Wissens noch vor dem des Glaubens bestehen kann.

Schließlich ist die Frage berechtigt, warum das Wunderbare allein positiv definiert wurde, während Katastrophen doch derselben Erfahrungsstruktur angehören.[16] Die Antwort ist eine doppelte: Einerseits muss aus Gründen der Tiefengrammatik

---

16 Vgl. zu dieser Fragestellung mit dem Hinweis auf Katastrophen als apokalyptische »Wunderzeichen« M. FRYE, »Das Wunder in der Katastrophe. Von frühneuzeitlichen Wunderzeichen bis zu Jonathan Horowitz' ›Apokalypto Now‹«, in: ebd., 31–40.

gesagt werden, dass *Wunder* in der Regel tatsächlich als Rettung, d.h. positiv auf dem Hintergrund von negativen Ereignissen verstanden und in dieser Dialektik erst richtig gebraucht werden;[17] andererseits gilt aber auch, dass kosmologisch gesehen Wunder und Katastrophen denselben unvorhergesehenen ›Ursachen‹ entstammen, die keinen eigentlichen Erklärungswert mehr haben, sondern als *Zufall* unerklärt bleiben und als Zeichen grundlegender Kontingenz gelten müssen. Genau darin aber stellt sich das Wunderproblem. Und dass säkular und ganz ohne Kunstwerke vom »Wunder der Technik«[18] gesprochen werden kann, zeigt nur den unaufhebbaren Zusammenhang mit Katastrophen (hier der Technik), lässt allerdings den Umgang mit Kontingenz unbearbeitet liegen.

IV. Wunder kategorial-semiotisch

Wunder derart unter neuen Bedingungen zu verorten, ihnen eine Schlüsselfunktion für ursprüngliches Staunen, die Eröffnung von Neuem, die Unterbrechung des Geregelten, die Verheißung des Gelingens und der Rettung zuzuerkennen, verlangt allerdings auch die genauere Bestimmung ihres Realitätsstatus, soll es nicht mit einer bloß interessanten Ästhetisierung religiöser Traditionen sein Bewenden haben. Die Frage lautet also: In welchem Sinne gehört das Wunderbare zu unserer Erfahrungswelt, und lässt diese sich heute so denken, dass die konstitutiven Aspekte des ursprünglichen Staunens, der experimentell zugänglichen Wirklichkeit und einer allgemeinen (geistigen, vernünftigen) Realitätsbestimmung in gleicher Weise zum Zuge kommen? Die Antwort lautet, dass solches Denken aus bestimmten historischen Gründen Ende des

---

[17] Vgl. ebd., 31.
[18] Ebd., 36.

19. Jahrhunderts im amerikanischen Pragmatismus auf den Weg kam und dass dessen Besonderheit, zumal bei seinem Begründer Charles Sanders Peirce, gerade in einer produktiv-neuen Vermittlung von geistes- und naturwissenschaftlichen Erfahrungswerten zu suchen ist. Dass und warum in dieser Art wissenschaftlicher Einstellung gerade auch die Religiosität ›zählt‹, lässt sich am besten in der für Peirce' Pragmatismus charakteristischen *kategorialen Semiotik* zeigen.[19]

Diese neue begriffliche Verbindung bezeichnet eine tendenziell einheitliche erkenntnistheoretische (d. h. semiotische) und kategoriale (d. h. ontologische) wissenschaftliche Einstellung, die eine spezifische Dreigliedrigkeit zum logisch wie phänomenologisch plausiblen und unüberspringbaren Verstehensmodell einer prozesshaften Realität erklärt. Der Begriff *Kategorie* wird dabei – bewusst nach und anders als bei Aristoteles und Kant – in einer zugleich phänomennahen und strukturell formalisierbaren Dreigliedrigkeit aufgefasst:[20] An erster Stelle (*Erstheit*) steht die immer wahrnehmungsintensive, passive Vorstellungspräsenz einer unableitbar vorausgehenden Qualität, an zweiter Stelle (*Zweitheit*) die unterscheidbare Bestimmtheit eines Gegenstandsbezugs empirischen Zuschnitts, an dritter Stelle (*Drittheit*) ein interpretatives Verhalten, das die beiden vorausgehenden Kategorien braucht, enthält und doch auf eigenständige Weise zum lebendigen Ausdruck bringt. Diese kategoriale Strukturbildung korrespondiert mit der triadischen Grundlegung der Peirce'schen Semiotik, wonach ein *Zeichen* als qualitativ Erstes in einem Zeichenereignis

---

[19] Der folgende Absatz übernimmt die Kurzdarstellung dieser philosophischen Zeichenlehre aus H. Deuser, »Geistesgegenwart. Pneumatologie und kategoriale Semiotik«, *Zeitschrift für Neues Testament* 13 (2010), Nr. 25, 78–85, hier 79 (im Kontext exemplarisch angewandt auf die Auslegung der Emmaus-Perikope, Lk 24,13–34).

[20] Vgl. H. Deuser, *Religionsphilosophie*, Berlin–New York 2009, § 1, Anm. 4; § 10.2.

(sei es in empirischer, in textvermittelter oder in bloß idealer Wahrnehmung) einen *Objekt*bezug impliziert (ein bestimmbar Zweites), und diese beiden Vorgaben kommen wiederum zum Austrag in der Wirksamkeit eines *Interpretanten*, d.h. einer geistigen Aktivität, Konsequenz- oder Verhaltensbildung an dritter Stelle. Die hier zum analytischen Zweck idealisierte Grundstruktur kategorialer Semiotik tritt in Wirklichkeit nur in äußerst komplexen Verflechtungen, Reihen, Stufungen etc. auf, jene aber kann in diesen erkennbar gemacht und zur Auslegung der erfahrbaren Realität genutzt werden, ohne vorweg metaphysische Prämissen (z.B. substanzontologische wie im christlichen Mittelalter, materialistische oder idealistische wie in der europäischen Neuzeit) unterstellen zu müssen.

Wenn alles Erfahren und Erkennen in Zeichenprozessen vorgestellt werden muss, dann gilt das auch für Kunst und Religion und die Konstellation von Ausstellungen – und selbstverständlich auch für Wunder und Wunderberichte. Peirce hat dazu in der Diskussion um David Humes klassische Wunderkritik dreierlei festgehalten: Zum einen ist Humes Kritik an der Verlässlichkeit der Berichte über Wunder (modifiziert) zu bestätigen, zum anderen aber ist unter der Voraussetzung von Offenbarungen und der »Existenz eines gütigen Gottes« jener Einwand, weil er mit Wahrscheinlichkeiten argumentiert, nicht stichhaltig: Ein göttliches Wunder ist ein ebenso besonderer oder einmaliger Fall wie ein geniales Kunstwerk.[21] Drittens bedeutet dies natürlich nicht, dass – neuzeitlich gesehen – Gottes Existenz einfach angenommen werden könnte, aber zur »echten Religion« gehören Wunder,[22] und diese wären nun

[21] C.S. PEIRCE, *Religionsphilosophische Schriften*, hg. von H. DEUSER, Hamburg 1995 (im Folgenden zitiert als RS), 272–274, 308. Vgl. zur detaillierten Analyse von Humes Position H. SCHULZ, »Das Ende des *common sense*. Kritische Überlegungen zur Wunderkritik David Humes«, *Journal for the History of Modern Theology* 3 (1996), 1–38.

[22] RS, 217.

wiederum nicht einfach religionsgeschichtlich als auch heute gültig vorauszusetzen, ihr Realitätsstatus müsste vielmehr erst wieder gezeigt werden. Im Falle von Humes Kritik des Wunderglaubens heißt das aus Peirce' Sicht, d. h. getragen von moderner nicht-deterministischer Wissenschaftsauffassung: »He [Hume] has completely mistaken the nature of the true logic of abduction.«[23] Dieser Rang der Abduktionslogik ist nun seinerseits durch die kategoriale Semiotik zu erläutern.

Wie können religiöse Erscheinungen wie Wunder oder Offenbarungen überhaupt zum Ausdruck kommen? Semiotisch gesprochen durch ganz bestimmte Darstellungsformen von *Ikonizität*, *Indexikalität* und *Symbolizität*. Damit werden hier nicht die mikrosemiotischen Unterscheidungen einzelner Zeichenformen aus Peirce' Klassifizierung genutzt, sondern nur die eher großflächige, phänomenologisch leichter zugängliche triadische Relation entsprechend der Grundstruktur des Zeichens und der drei Kategorien: Erstheit als primäre Qualität und Ikonizität, Zweitheit als Objektbeziehung und Indexikalität, Drittheit als Interpretant und Symbolizität. Diese Strukturbegriffe haben für sich genommen nichts spezifisch Religiöses, wohl aber lässt sich an ihnen zeigen, worin die Bedeutung der Religiosität besteht – und das ganz sachgemäß im mitlaufenden Vergleich zur Kunst bzw. zu ästhetischen Zeichen- und Lebensformen.

Ikonizität umfasst alle Zeichenvermittlungen, die eine qualitativ abbildende Relation zum Ausdruck bringen. Am unmittelbarsten sind »Farben und Töne«[24] Beispiele des hier

---

[23] C. S. PEIRCE, *Collected Papers* 6.537 (Cambridge 1978). Vgl. SCHULZ, »Das Ende des *common sense*«, 37, Anm. 122; zu Peirce' Hume-Manuskripten generell: RS, 493 f., Anm. *.

[24] Vgl. C. S. PEIRCE, *Vorlesungen über Pragmatismus*, hg. von E. WALTHER, Hamburg 1991 (im Folgenden zitiert als VP), Vorlesung IV, 77 f.; die englische Fassung in: *The Essential Peirce*, Bd. 2, hg. von N. HOUSER, Bloomington 1998 (im Folgenden zitiert als EP 2), 192. Die Textedition der

Gemeinten, weil zwischen Wahrnehmung und Wahrgenommenes gleichsam nichts Distanzierendes mehr passt. Solche Gefühlsqualitäten sind dann natürlich selbst Gegenstand weiterer und komplexerer Zeichenprozesse, ihr qualitativer Kern aber wird dadurch nicht verschwinden, sondern immer mehr und anders (in jeweils anderen Zeichenformen) zum Ausdruck kommen. Peirce hat in der IV. Pragmatismusvorlesung auf die Frage, welche »Rolle« solche »Qualitäten in der Ökonomie des Universums spielen«,[25] eine ästhetische und eine religiöse Antwort gegeben, die im Folgenden für die Frage nach dem Wunderbaren als Auslegungsbasis dienen sollen:

> [D]as Universum [ist] ein ausgedehntes Repräsentamen, ein großes Symbol für Gottes Absicht [...], das seine Schlussfolgerungen in lebendigen Realitäten herausarbeitet. Nun muss jedes Symbol seine mit ihm organisch verbundenen Indices der Reaktionen und seine Icons der Qualitäten haben; und eine solche Rolle, wie diese Reaktionen und diese Qualitäten sie in einem Argument spielen, spielen sie natürlich im Universum – dieses Universum ist genau genommen ein Argument. [...] Diese Prämissen der Natur, obwohl sie nicht die *wahrnehmbaren Tatsachen* sind, die Prämissen für uns sind, müssen ihnen nichtsdestoweniger dadurch ähnlich sein, dass sie Prämissen sind. [...] Als Prämissen müssen sie Qualitäten einschließen.[26]

Das Universum ist als ein Argument notwendigerweise ein großes Kunstwerk, ein großes Gedicht – denn jedes hervorragende Argument ist ein Gedicht und eine Symphonie – genauso wie jedes Gedicht ein vernünftiges Argument ist. Aber wir wollen es lieber mit einem gemalten Bild vergleichen – mit einer impressionistischen Küstenlandschaft –, dann ist jede Qualität in einer Prämisse eines der elementaren, farbigen Teilchen des Bildes; sie sind alle so gemeint, dass sie zusammen die beabsichtigte Qualität hervorbringen, die zu

---

Vorlesungen basiert in EP 2 auf Peirce' Manuskripten und ist dem Textbestand der deutschen Ausgabe vorzuziehen, die auf den eigenwilligen Anordnungen der *Collected Papers* beruht.

[25] VP, 78; EP 2, 193.

[26] VP, 78; EP 2, 193 f.

dem Ganzen als Ganzes gehört. Diese Gesamtwirkung liegt jenseits unseres Horizontes; aber wir können in bestimmtem Maße die sich aus den Teilen ergebende Qualität des Ganzen würdigen – nämlich Qualitäten, die sich aus den Kombinationen elementarer Qualitäten, die zu Prämissen gehören, ergeben.[27]

(1) Auf den ersten Blick wirken beide Textstellen ebenso großartig wie rätselhaft. Großartig, weil eine naturwissenschaftlich begründete Kosmologie und eine philosophisch ausgearbeitete kategoriale Semiotik sich gegenseitig auslegen, in einem Schwung also all das geschieht, was die exakten Wissenschaften einerseits und die hermeneutischen Geisteswissenschaften andererseits sich nach Kant und im Kantianismus (oder entsprechenden Wissenschaftslehren) haben verboten sein lassen; rätselhaft, weil die Verbindungsstücke, um die sich Peirce in der Kürze dieser Vorlesungen bemüht, zwischen Kosmologie, Wissenschaftstheorie, Semiotik, pragmatistischem Realismus, ästhetischer Wahrnehmungstheorie und zu allem noch: Religionsphilosophie! gar nicht so schnell herausgearbeitet werden können. Was hier geschieht, ist jedenfalls revolutionär im Blick auf die Hauptströmungen neuzeitlicher Philosophie, obwohl es nach Peirce' Überzeugung nur das auf den Begriff bringt, was jede ehrliche Naturwissenschaft aufgrund der eigenen wissenschaftlichen Arbeiten aus Erfahrung weiß, was ihrem lebensweltlichen Grundvertrauen entspricht und folglich auch Gemeingut der philosophischen Einstellung sein müsste.

(2) Als wissenschaftliche Kosmologie ist hier die dreifache Dimension des »Universums« zu verstehen, durchaus im heutigen evolutionistischen Sinn vom Urknall bis zum kulturellen Bewusstwerden des menschlichen Geistes. Das Universum, wie es der empirisch-experimentellen Erfahrung zugänglich ist (Zweitheit), muss allerdings immer zusammen gesehen werden mit der Ermöglichung von Erfahrung in den »qualities

[27] VP, 78 f.; EP 2, 194.

of feeling«[28] (Erstheit) und der realen Wirksamkeit von »general principles«,[29] d.h. der Gleichförmigkeit und Regelhaftigkeit in der Natur (Drittheit). Wird diese geistige Allgemeinheit – immer so real verstanden wie die Wirksamkeit der Naturgesetze – mit der unwiderlegbar eindringlichen Einzigartigkeit qualitativer Wahrnehmungen zusammen gesehen, so ist empiristischer Determinismus ausgeschlossen und der Weg zur realen Bedeutung des Wunderbaren eröffnet: Weil die Naturgesetze nicht absolut gelten, sind Wunder gar nicht als deren »Durchbrechung« zu deuten, sondern als deren Korrelat des Entstehens, des Neuen, der primären Wahrnehmungsqualität überhaupt, kurz: des Wunderbaren (»mirabile«[30]) in einem prinzipiellen Sinn, der durch nichts übertroffen werden kann.

(3) Semiotisch zu erklären ist in den beiden Textstellen die Interpretationsstruktur, die aber zugleich als Darstellungsform auch selbstbezüglichen Charakter hat und deshalb ebenso ontologisch-existentiell wie ästhetisch und religiös aufzufassen ist: Menschen (ihre Erfahrung in Fühlen, Wollen und Denken) sind Zeichenprozesse, in denen sich die Strukturen des Universums abbilden, erfahren und partiell verstehen lassen. Genau das zeigen Kunst und Religion – und das Wunderbare in ihnen. Es ist in seiner exklusiv erstheitlichen Bezogenheit unersetzbar und fundamental. Der Umgang mit dem Wunderbaren, die Bearbeitung des qualitativ Ersten *als solches* ist gerade die Aufgabe von Kunst und Religion.

(4) Gemeinsam ist den beiden Texten die semiotische Terminologie: Die drittheitliche Zeichenform *Symbol* ist zwar ein frei vereinbartes Zeichen (wie alle Sprachzeichen), trotzdem

---

[28] Vgl. EP 2, 190; VP, 74 f., übersetzt mit »Empfindungsqualität«.

[29] Vgl. EP 2, 183; VP, 68.

[30] Vgl. zu den drei möglichen Wunderauffassungen im Verhältnis zu den Naturgesetzen N.H. Gregersen, »Wunder V. Religionsphilosophisch«, in: *Die Religion in Geschichte und Gegenwart*, Bd. 8, 4. Aufl., Tübingen 2005, 1725 f.

aber nicht ohne einen eingeschlossenen Objektbezug (Index) und die unabdingbare Gefühlsqualität des Ikons. Auf höherer Reflexionsstufe des Wissens um diese drittheitlichen Zusammenhänge als geistige Schlussverfahren kann deshalb ein Symbol als *Argument* gelten, das eben den Folgerungszusammenhang von Ikonizität, Indexikalität und Symbolizität wirksam umsetzt. Wenn nun – kosmologisch gesehen – das Universum als Argument bezeichnet werden kann, so besagt dies, dass aus »Qualität« (Prämisse 1) und wirklichen »Reaktionen« in der empirischen Welt (Prämisse 2) ein *abduktiver* Schluss auf »Gottes Absicht« führt – und zwar deshalb, weil darin spontan, situativ und überzeugend (insofern Abduktion und nicht Deduktion oder Induktion) die vorliegende Wahrnehmung sinnvoll erklärt werden kann. Charakteristisch für dieses Grundmodell religiöser Semiotik ist demnach die »Rolle« der ursprünglichen Qualitäten im Entwicklungsprozess des Universums bzw. der »Universen der Erfahrung«,[31] wie das »Gottesargument« (1908) dann sagen wird; und die »Rolle« steckt in der wahrgenommenen »Absicht«, die in dieser Perspektive von qualitativer Erstheit nur als religiöse, d.h. menschlich gesehen nur passiv, aber eben als kreative Ermöglichung empfangen werden kann: Der religiöse Glaube ist insofern das Wunderbare selbst. Zwischen der humanen Primärwahrnehmung und der Primärwahrnehmung im Naturprozess bleibt zwar eine Differenz, d.h. die humane Perspektive bleibt passiv gegenüber den »Prämissen der Natur«; als beiden gemeinsam aber kann die semiotische Grundstruktur unterstellt werden, wonach mit der Berechtigung einer abduktiv gewonnenen Hypothese die Natur »God's purpose« zeigt.

(5) Das »Gottesargument« wird wesentlich genauer diskutieren, wie die Abduktion als lebensweltlich und wissenschaft-

[31] Vgl. C.S. Peirce, »Ein vernachlässigtes Argument für die Realität Gottes« (1908), in: RS, 329–359, hier 329; EP 2, 435.

lich grundüberzeugende Hypothese zustande kommt. Dazu gehören bestimmte Bedingungen, die, ganz entsprechend der ästhetischen Haltung, darauf hinauslaufen, Vorurteile abzubauen und ein offenes Sich-einlassen-Wollen persuasiv nahezulegen. Die folgenden drei Elemente sind hervorzuheben: Die Schlussform der Abduktion ist nicht beliebig, sondern geleitet von »instinctive reason« oder »consciousness of divining«.[32] Die Einbindung und Einlagerung humaner Denkfähigkeit in die Universen der Erfahrung und deren Evolution sind es also, die Natur und Kultur miteinander verschränken. Das allein garantiert die Entdeckung von Neuem im Wachstum der Natur wie der Wissenschaften, und wenn wir selbst unsere Einsicht nicht durch querliegende szientistische (Peirce: nominalistische) Einstellungen blockieren, die die Realität der drei Universen der Erfahrung nicht zu denken vermögen, dann entdeckt »the very bedrock of logical truth«,[33] kraft instinktiver Vernunft, sich selbst: in der Gott-Hypothese und deren Inbegriff des schöpferischen, »beabsichtigten«[34] Verstehens der Erfahrungsuniversen. Die Pragmatismusvorlesung[35] und das »Gottesargument« formulieren in diesem Punkt also ganz analog. Diese »Absicht« ist es, die in der religiösen Semiotik genuin in religiösen Bildern des ursprünglichen Schaffens, in geschichtlichen Schöpfungsmythen und im (kulturell vermittelten) Gott-Symbol – im Wunderbaren – zum Ausdruck gebracht wird.

Die Gott-Hypothese bringt zudem die Besonderheit mit sich, ganz erstaunlich überzeugend und unwiderstehlich zu

---

[32] Vgl. RS, 347 f.; EP 2, 443.

[33] RS, 349; EP 2, 444.

[34] RS, 340; EP 2, 439 f. (»purpose«).

[35] Vgl. in der VII. Vorlesung (VP, 129; EP 2, 231) die Schlussform der Abduktion mit dem Akzent der »überraschenden Tatsache« (P1) und der schlagartig präsenten »Selbstverständlichkeit« ihrer Erklärung (P2) im abduktiven Schluss.

sein,[36] und das liegt bei Zeichen mit erstheitlichem Qualitätsbezug an den hier aufgedeckten Basisbedingungen instinktiver Vernunft, die jetzt in die genuine Haltung der »Versonnenheit«[37] (»Musement«) gefasst wird. Literarische Überzeugungskraft und die Rhetorik des Vorbildes und der Nachahmung durchziehen diese Abschnitte des »Gottesarguments«, denn an diesem eigentümlichen Zugang hängen Integrität, Sinn und Kraft der Hypothesenbildung. Negativ gesprochen und wiederum im naturwissenschaftlichen Beispiel:

> Wer sich in der Absicht hinsetzt, von der Wahrheit der Religion überzeugt zu werden, tut dies einfach nicht mit wissenschaftlich aufrichtigem Herzen [...] Auf diese Weise kann er nicht einmal das ungeteilte Vertrauen gewinnen, wie es ein Physiker in Elektronen hat [...] Lässt man dagegen die religiöse Meditation spontan aus PUREM SPIEL erwachsen, und dies, ohne die Kontinuität zu unterbrechen, so wird der VERSONNENE die vollkommene Offenheit bewahren, wie sie der VERSONNENHEIT entspricht.[38]

Es ist schließlich dieser Stimmungszustand des »Pure Play«, der als Bedingung der Versonnenheit unter dem paradoxen Motto steht, »keine Regeln« zu kennen außer dem »Gesetz der Freiheit«.[39] Einschränkungen dürfen also nicht gemacht werden, eingeübt werden müssen Offenheit und Freiwerden für die Naturprozesse, wie sie sich in den Zeichenuniversen, zu denen die humanen Wahrnehmungsmöglichkeiten ja bereits gehören, präsentieren. Dann wird sich einstellen, was sich einstellen muss: die »Idee der REALITÄT GOTTES« als ein »reizvoller Einfall«, das so und nur so »erklärte Wunder«.[40]

---

[36] Vgl. RS, 353: »eine Hypothese mit der allerhöchsten PLAUSIBILITÄT«. EP 2, 446.

[37] RS, 333; EP 2, 436.

[38] RS, 333; EP 2, 436.

[39] RS, 332; EP 2, 436.

[40] RS, 339, 343; EP 2, 439, 441.

(6) Im zweiten Textstück, das auf die Frage antwortet, welche »Funktion [den Qualitäten] in der Ökonomie des Universums« zukommt, stehen nicht die universalen und evolutionären Prozesse im Brennpunkt des Interesses, sondern die Repräsentation der Qualitäten selbst. Die Zeichenform des *Arguments* bestimmt hier über die Möglichkeiten einer dafür geeigneten Symbolizität: das Kunstwerk. Dessen Bildwörter, Farben oder Töne sind als Qualitäten Gedicht, Bild oder Symphonie; und im Falle des impressionistischen Bildes zeigt Peirce im Detail, wie das verallgemeinerungsfähige Wahrnehmungsurteil in dieser die Ikonizität repräsentierenden Perspektive zustande kommt. Jedes Element des Kunstwerks ist eine eigene Qualität, aus deren Summe ein Ganzes wird. Auch hier muss wie zuvor im Falle der religiösen Semiotik der Vorbehalt gemacht werden, Menschen verfügten nicht über das Ganze als solches; sie sind aber zur »Kombination« von Wahrnehmungsprämissen in der Lage, die sich dem Ganzen nähern. Die hier genannte Absicht (»beabsichtigte Qualität«) gehört dann zum genuinen Interesse des Kunstwerkes, dessen Machart die ursprüngliche Kreativität der Wahrnehmung zu wiederholen versucht – ein »vernünftiger« Schluss auch hier, aber in der Haltung, die Peirce zuvor in derselben Vorlesung bereits als eine spezifische *Naivität* empfohlen hatte.[41] Sie hat ein vernehmendes, rezeptives, darin aber immer auch ein aktives Moment: Kunstwerke geben dem Wunderbaren überraschend, dem Überraschenden wunderbare Gestalt.

(7) Religiöse und ästhetische Abduktion unterscheiden sich formal also nicht, und das *Argument* ist in beiden Fällen von der Art, dass im Blick auf die erstheitliche Qualität ein unkontrollierbares Wahrnehmungsurteil von der abduktiven Schlussform kaum mehr zu unterscheiden ist. Wunder sind überwältigend! Das ist auch der Grund für die viel

---

[41] Vgl. VP, 73; EP 2, 189.

zitierte Pointe im »dritten Schleifsteinsatz« der VII. Pragmatismusvorlesung: »Die abduktive Vermutung kommt uns blitzartig.«[42] Zu einer Unterscheidung zwischen religiöser und ästhetischer Semiotik kommt es allerdings im Blick auf die in den Wahrnehmungsprämissen regierenden Zeichenformen. Durch die Betonung von Versonnenheit und »Pure Play« im Fall der religiösen Überzeugungsbildung geht es um Symbole des Schöpferischen, Geschenkten, Anvertrauten, im Fall der ästhetischen Wahrnehmung um objektgestaltende Wiederherstellungen des Ursprünglichen; für beide Haltungen gemeinsam geht es aber um »Homogenität« und »Kontinuität«, um »Wachstum« und »Schönheit« in den drei Erfahrungsuniversen und deren Zusammenhang.[43] Hierin ist das Wunder seiner Möglichkeit nach verankert, in der erstaunlichen Kreativität, die als Antwort auf die Frage nach dem erfahrbaren Zusammenhang abduktiv erschlossen und darstellbar wird. Es gibt wissenschaftlich gesehen keinen Grund, in diesem Sinne Wunder von der Realitätswahrnehmung ausschließen zu wollen, im Gegenteil, das Wunder des schöpferisch Neuen ist in allen Werde-Prozessen schon wirksam enthalten. Insofern kann gesagt werden: Wunder sind Zeichen der Realität.

Bestimmte Wunder gehören zu bestimmten Religionen, das Wunderbare eher zu den Kunstwerken. Doch jede betonte Differenz zwischen Kunst und Religion setzt die Autonomie-Entwicklung vor allem der Künste in der Moderne voraus, während im kulturellen Ursprung beide ineinander gelegen haben dürften.[44] Die kategorial-semiotische Differenz kann folglich gar keine grundsätzliche Separierung demonstrieren

[42] VP, 123; EP 2, 227.

[43] Vgl. RS, 337–339; EP 2, 438 f. Der für Peirce' Kosmologie zentrale (mathematische) Begriff der *Kontinuität* wird hier im »Gottesargument« nicht eigens expliziert, aber verschiedentlich genannt; RS, 339: »kontinuierlich dazu tendiert«.

[44] Vgl. DEUSER, *Religionsphilosophie*, § 10.2.3.

wollen, sondern eher die Akzentverschiebung und die – in der Moderne wachsende – andere Fokussierung auf die eigentümliche, autonom-aktive *Naivität* (in Peirce' Sinn dieses Begriffs), die die ästhetische Haltung dominiert und die sich im paradoxen ›Machen‹ einer ursprünglichen Qualität Ausdruck und Darstellung gibt. Die erste Wahrnehmungsqualität ist auch für den »ästhetischen Geisteszustand« unwiderstehlich, aber es geht ihm gerade um diesen selbst, um eine »Rückkehr zu einem solchen naiven Zustand«.[45] Das ist es, was im Unterschied zur religiösen Wahrnehmung nicht primär als kreativ-passiv, sondern als kreativ-naiv-aktiv ausgezeichnet werden muss – zugleich in der für die Kunstwerke paradoxen Situation, der ursprünglichen Wahrnehmungsqualität zwanglos so nah wie möglich zu kommen und doch genau dies gestalten zu wollen. Vielleicht sollte deshalb von einer immer gebrochenen Naivität der Kunstwerke gesprochen werden, und dasselbe gilt dann auch für das Wunderbare.

Noch diffiziler wird das Verhältnis zwischen Kunstwerken und Religiosität dann, wenn heute traditionell religiöse Zeichensysteme sich ihrer selbst kritisch bewusst werden und deshalb sich selbst neu und anders darstellen wollen – wozu sie Kunstwerke brauchen und damit deren spezifische Situation der Gebrochenheit übernehmen müssen; und umgekehrt, wenn Kunstwerke heute religiöse Situationen (Rituale, Mythen, Wunder) bewusst und kritisch aufnehmen, zitieren oder neu verwenden wollen – wozu sie die jeweiligen religiösen Traditionen brauchen und damit deren spezifischen Wahrnehmungszugang in gewisser Weise ernst nehmen müssen. Nach beiden Seiten hin wäre es vielleicht ein brauchbares Kriterium für (religiösen bzw. ästhetischen) Kitsch, ob dieser gegenseitige Gebrauch jeweils weiß, was er tut, also die Herausforderung des Kreativ-Passiven bzw. des Kreativ-Naiv-Aktiven rich-

[45] VP, 73; EP 2, 189.

tig einzuschätzen versteht oder nicht. Letzteres führte dann im Falle der Wunder und des Wunderbaren zu Aberglaube, absichtlicher Irreführung, Illusion, allgemein: zu Kitsch, der aus der Missachtung von Bedingungen und Grenzen der zeichenvermittelten – gebrochenen – Darstellungsfähigkeit ursprünglicher Kreativität resultiert. Der sensible religiöse und ästhetische Respekt vor der Wahrnehmungsqualität aber ist für alle ihre Darstellungsformen das Allererste und Allerschwerste. Gelingt dies, dann ist das Wunder des Universums »Symbol für Gottes Absicht« und zugleich als dieses Argument »ein großes Kunstwerk«.

5

Objektiver Idealismus

I. Eine Theorie des Universums

Kann ein *Idealismus* überhaupt *objektiv* genannt werden? Wird die Realität der Dinge zuletzt in ihrer wahren Idee oder geistigen Darstellung gesucht, läuft dann die Eigenschaft, objektiv zu sein, nicht entweder auf eine Tautologie oder auf einen Widerspruch hinaus? In seiner IV. Pragmatismusvorlesung (1903), »Die sieben Systeme der Metaphysik«, hat Charles Sanders Peirce auf der Basis seiner Kategorienlehre ein Schema entworfen, das alle denkbaren Kombinationen der drei Kategorien – Erstheit (Qualität), Zweitheit (Reaktion), Drittheit (Repräsentation) – zu einer strukturierenden Übersicht philosophischer Schulbildungen nutzt. Reine Erstheit entspräche dann einem »Sensualismus«, die Verbindung von Erstheit und Zweitheit dem »gewöhnlichen Nominalismus«, reine Drittheit wäre z. B. »Hegelianismus« etc. Im Zentrum des Schemas aber steht die vollständige Philosophie aufgrund gleicher Anerkennung aller drei Kategorien: Kantianismus, Aristotelismus (als platonische »besondere Entwicklung«) – mit dem Zusatz, Letzterer unterscheide sich durch seine Beachtung des »*esse in potentia*« von allem modernen Denken »except perhaps Schelling's and mine«.[1] Ganz ähnlich, wie nebenbei, findet sich ein Schellinghinweis in der Auseinandersetzung mit dem Naturwissenschaftler Paul Carus, worin Peirce sich selbst als

[1] *The Essential Peirce*, Bd. 2, hg. von N. Houser, Bloomington 1998, 180, 522, Anm. 4; die deutsche Fassung in: C. S. Peirce, *Vorlesungen über Pragmatismus*, hg. von E. Walther, Hamburg 1991, 50 f.

»a Schellingian, of some stripe« bezeichnet und zugleich eine Stelle aus seinem Aufsatz »Die Architektonik von Theorien« (1891) zitiert, wo es heißt: »Die einzige einsichtige Theorie des Universums ist die des objektiven Idealismus, dass Materie erstarrter Geist ist, verfestigte Verhaltensgewohnheiten werden zu physikalischen Gesetzen.«[2]

Hundert Jahre nach Schelling ist die Diskussionslage zwischen Naturwissenschaften und Philosophie sicherlich eine völlig andere, trotzdem zielt *objektiver Idealismus* bei Peirce offensichtlich auf Naturphilosophie und gerade nicht auf den Gegensatz von Subjekt und Objekt oder Idealität und Realität. Was Schelling noch als Systemproblem der höchsten Wissenschaft geltend macht, dass Einheit nicht nur vom Denken allein ausgehen kann, ist Ende des 19. Jahrhunderts, nach Darwins Sieg über die teleologische Seinsstruktur und der zunehmenden Etablierung eines nomologischen Determinismus, zum Machtkampf zwischen Natur- und Geisteswissenschaften geworden. Das Christentum und die wissenschaftliche Begründung der Theologie partizipieren an diesen Prozessen, mehr passiv als aktiv, der Verlust an Überzeugungskraft des religiösen Glaubens aber hängt unmittelbar mit dem verlorenen Terrain der Naturphilosophie zusammen: Wenn keine Schöpfung mehr vorstellbar ist, dann auch kein Gott.

Mit dem 20. Jahrhundert könnte allerdings eine grundsätzliche Verschiebung, zumindest eine Entspannung dieser Kontroversen eingetreten sein, und Peirce' objektiver Idealismus reagiert darauf als einer der ersten und setzt Schellings Naturphilosophie nachträglich wieder ins Recht: Quanten- und Relativitätstheorie haben den klassischen Determinismus

---

[2] C. S. Peirce, *Schriften zum Pragmatismus und Pragmatizismus*, hg. von K.-O. Apel, 2. Aufl., Frankfurt am Main 1976, 278; vgl. *The Essential Peirce*, Bd. 1, hg. von N. Houser / C. Kloesel, Bloomington 1992, 293. Die Diskussion mit Carus findet sich in: C. S. Peirce, *Collected Papers* 6.605 (Cambridge 1978).

zumindest erschüttert, lassen eine vollständige, modellunabhängig gedachte Objektivität nicht mehr zu und müssen mit Unschärfen, Sprüngen und statistischer Wahrscheinlichkeit in der Natur(-Betrachtung) rechnen.[3]

II. Schellings Naturphilosophie

Die Geschichte des objektiven Idealismus beginnt mit Schellings Einwand gegen Fichtes transzendentalphilosophisches System. Dieses hatte die von Kants Erkenntnistheorie[4] zurückgelassene Frage, wie das einheitsbildende Zusammenstimmen der apriorischen Verstandesleistungen mit dem empirisch Gegebenen überhaupt zu erklären sei, dahingehend beantwortet, dass beide Seiten aus dem Ichbewusstsein herkommend gedacht werden müssten. Demnach gäbe es nur einen höchsten Punkt, und eben dieser ist der (transzendentalphilosophisch zu ermittelnde) »Ideal-Realismus«.[5] Schelling aber verteidigt die »Naturhaftigkeit des produzierenden Ich«, will dementsprechend der Transzendentalphilosophie eine Naturphilosophie an die Seite stellen, und das idealistische Systemdenken wird modifiziert zu einem »objektiven Ideal-Realismus«:[6] »aus dem Objektiven das Subjektive entstehen zu lassen«, wie Schelling 1801 in *Über den wahren Begriff der Naturphilosophie* schreibt;[7]

---

[3] Vgl. die kurze Übersicht von G. Linde, »Realismus V. Naturwissenschaftlich«, in: *Die Religion in Geschichte und Gegenwart*, Bd. 7, 4. Aufl., Tübingen 2004, 79 f.

[4] Zur generellen (religionsphilosophischen) Kritik an Kants Wissenschaftstheorie vgl. H. Deuser, *Religionsphilosophie*, Berlin–New York 2009, § 8.2.

[5] Vgl. G. Meckenstock, *Vernünftige Einheit. Eine Untersuchung zur Wissenschaftslehre Fichtes*, Frankfurt am Main 1983, 119.

[6] Ebd., 118 f.

[7] *F. W. J. von Schellings sämmtliche Werke*, Bd. I/4, Stuttgart 1859, 79–103, hier 86 f.; vgl. die Neuausgabe unter dem Titel »Anhang zu dem

und parallel dazu, ebenfalls 1801 in der *Darstellung meines Systems der Philosophie*, will er den Gegensatz zu Fichte versuchsweise auf die Formel bringen, er, Schelling, habe sich »auf den Standpunkt der Produktion gestellt«, und damit gelange der Idealismus zu seiner »objektiven Bedeutung«[8] – kurz: seither darf von *objektivem Idealismus* gesprochen werden.

Zu seiner genaueren Begründung führt Schelling an, dass er den Idealismus nicht verlässt, ihn wohl aber aus seiner alleinigen Bewusstseinszentrierung befreien will. Denn diese kann als »höhere Potenz« eben des ursprünglicheren Naturverhältnisses aufgefasst werden, auf das wir uns durch »Abstraktion« vom reflektierenden Bewusstsein besinnen können:[9] »Der Idealismus wird bleiben; er wird nur weiter zurück und in seinen ersten Anfängen aus der Natur selbst, welche bisher der lauteste Widerspruch gegen ihn zu seyn schien, abgeleitet.«[10]

(1) *Natur* meint hier zunächst nicht »Naturwissenschaft«, auch nicht, dass »Erfahrung« zum Maßstab der »construirenden Vernunft« gemacht werden soll.[11] Die gesetzgebende Kraft aber liegt nicht primär beim Ichbewusstsein, denn dann wäre die kategorial verschiedene Erfahrungswelt unerklärlich fremd. Das »weiter zurück« der Natur liegt vielmehr darin, dass »die Natur [...] ihre eigne Gesetzgeberin« ist,[12] nicht erst die Gesetze des Verstandes braucht.

Aufsatz des Herrn Eschenmayer betreffend den wahren Begriff der Naturphilosophie [...]«, in: F. W. J. Schelling, *Historisch-kritische Ausgabe*, Reihe I, Werke 10, hg. von M. Durner, Stuttgart 2009, 83–106, hier 91.

[8] *Schellings sämmtliche Werke*, 105–212, hier 109; vgl. die *Historisch-kritische Ausgabe*, 107–211, hier 111. Vgl. H. Zeltner, »Idealismus, objektiver«, in: *Historisches Wörterbuch der Philosophie*, Bd. 4, Basel 1976, 42.

[9] Schelling, *Über den wahren Begriff*, 87 f. bzw. 92 f.

[10] Ebd., 88 bzw. 93.

[11] Ebd., 88, 96 bzw. 93, 100.

[12] Ebd., 96 bzw. 100; vgl. die Ableitung dieser Argumentation bei M. Hampe, *Eine kleine Geschichte des Naturgesetzbegriffs*, Frankfurt am Main 2007, 80 f.

(2) Damit wird auch deutlich, was mit dem »Standpunkt der Produktion« gemeint ist: Wenn die Natur selbst gesetzgebend ist, dann sind transzendente Außeninstanzen zur Erklärung der Naturgesetze nicht mehr nötig. Ein halbes Jahrhundert vor Darwin verfolgt Schelling ein »*immanentistisches* Modell der Naturgesetzlichkeit«,[13] d.h. er denkt in seiner Naturphilosophie evolutionistisch – allerdings ohne den transzendentalen Idealismus aufzugeben (bzw. in seiner Spätphilosophie gerade im Rahmen einer Philosophie des Geistes und der Offenbarung).[14]

(3) Die Naturphilosophie, obwohl sie bewusst neben der Transzendentalphilosophie rangiert, will also nicht auf Konkurrenz hinaus, sondern auf eine komplexe Einheit, die als Prozess verstanden werden kann. »Die Philosophie wird *genetisch*«, heißt es schon 1797 in Schellings Einleitung zu den *Ideen zu einer Philosophie der Natur*, d.h. die »Vorstellungen« des Geistes stammen aus Natur und kommen, auch in höherer Potenz des Bewusstseins, wieder mit ihr zur Übereinstimmung, »Spekulation« und »Erfahrung« sind nicht mehr getrennt.[15]

---

[13] Hampe, *Geschichte*, 82.

[14] Zum Zusammenhang von Geist und Natur zumal beim späten Schelling vgl. G. Schönrich, »Schellings Metaphysik in der Naturphilosophie von Peirce«, *Allgemeine Zeitschrift für Philosophie* 16 (1991), 1–22; zum Offenbarungsbegriff vgl. Chr. Danz, *Die philosophische Christologie F. W. J. Schellings*, Stuttgart-Bad Cannstatt 1996, 38–40.

[15] F. W. J. Schelling, *Historisch-kritische Ausgabe*, Reihe I, Werke 5, hg. von M. Durner, Stuttgart 1994, 93; vgl. zu dieser Stelle Schönrich, *Schellings Metaphysik*, 82, und in diesem Band Essay 6, 134–138; zur Metaphysik des Grundes in der »Vorgeschichte« der Vernunft in der Natur vgl. D. Korsch, »›Gott selbst ist kein System, sondern ein Leben.‹ Schellings Metaphysik des Lebens«, in: P. Bahr / S. Schaede (Hg.), *Das Leben. Historisch-systematische Studien zur Geschichte eines Begriffs*, Bd. 1, Tübingen 2009, 509–524, hier 513–515.

(4) Deshalb kann Schelling die Frage nach dem Kriterium für gesetzesförmige Konstruktion und Erfahrung so kontern, dass er sagt, es müsse eben »richtig construirt« werden:[16] Es gibt ein vorausliegendes, sich entwickelndes und bewusstwerdendes Maß, aus dem »weiter zurück« der Natur herkommend.

(5) Aber nicht nur die Gesetzgebung hat ihre Genese in der Natur, auch die von Kant für die Synthesis von Verstandeskategorie und Sinnesempfindung notwendige »Spontaneität«[17] (der Einbildungskraft) rechnet Schelling zur »Natur selbst« – mit der Betonung, dass es dabei gerade nicht um »zwei verschiedene Welten« gehe, sondern um die Aufhebung des Gegensatzes von »Natur und Geist«.[18]

(6) Diese Einheit insistiert also auf einem Vorrang der Wirklichkeit, deren geistiger Ausdruck allerdings nicht direkt greifbar ist: Natur ist »sichtbarer Geist«, Geist »unsichtbare Natur«.[19] Der Vergleich mit Hegels Systemdenken erhellt die hier anschließenden Kontroversen um die wahre *Wirklichkeit*, zeitgenössisch z.B. in Carl Ludwig Michelets »Vorrede« zur Edition von Hegels *Naturphilosophie* (1842): Während Hegel »die Idee des Ganzen darzustellen« versuche, liefere sich Schelling der Zusammenhanglosigkeit der »empirischen Naturforscher« aus, da »immer noch Neues aufgefunden werden müsse« und »dieß ins Unendliche fortginge«.[20] Deshalb dürfe

---

[16] SCHELLING, *Über den wahren Begriff*, 96 bzw. 100.

[17] Vgl. I. KANT, *Kritik der reinen Vernunft* (^{2}1787), B 162, Anm., zur Synthesis der »Apprehension« und »Apperzeption«.

[18] SCHELLING, *Über den wahren Begriff*, 102 bzw. 105.

[19] SCHELLING, *Ideen zu einer Philosophie der Natur*, 107; vgl. in diesem Band Essay 6, 137.

[20] C.L. MICHELET, »Vorrede des Herausgebers«, in: *G.W.F. Hegel's Vorlesungen über die Naturphilosophie* (Werke. Vollständige Ausgabe durch einen Verein von Freunden des Verewigten, Bd. 7/1), Berlin 1842, V–XXVI, hier VII. Ich verdanke den Hinweis auf diese Stelle N.J. Cappelørn (im Zusammenhang seiner Edition eines Briefes von Søren Kierkegaard bezüglich Schellings Berliner Vorlesung 1841/42; Brief vom 1. Januar

man das »rein Rationale und das Wirkliche« nicht »gegen einander absperren wollen«.[21] Schelling allerdings hatte gerade solches »absperren« vermeiden wollen, und das, ohne die Naturprozesse vorweg zu limitieren.

III. Peirce' Kosmologie

Das damit skizzierte Programm eines objektiven Idealismus hat im Blick auf die heutigen Naturwissenschaften seinen provokativen Reiz bewahrt, und es ist durch Peirce' logisch-semiotische und metaphysische Anwendungen in aller Konsequenz aktualisiert worden. Die Probleme einer solchen Naturphilosophie liegen dabei ebenso auf der Hand wie die Folgen für Theologie und Religionsphilosophie, wie nicht zuletzt schon die späten Schriften Schellings gezeigt haben. In einem konstruktiven Vergleich zwischen Schelling und Peirce hat Gerhard Schönrich (1991) drei Knotenpunkte des objektiven Idealismus ins Zentrum gestellt, die im Folgenden und in Fortsetzung der kritischen Diskussion wieder aufgegriffen werden sollen:[22] (1) Die als Prozess vorgestellte Wirkeinheit von Geist und Natur ist semiotisch, d.h. in unvermeidlichen und universalen *Darstellungen* begründet, denen deshalb eine erkennbare *Finalität* eignet: *erkenntnistheoretischer* objektiver Idealismus. (2) Erst das Ende des Prozesses garantiert die voll-

---

1842). Vgl. Korsch, »Gott selbst ist kein System«, 520: »Schelling weigert sich, diesen Prozess des Lebens nun noch einmal selbst zu rationalisieren, wie es Hegel getan hat.«

[21] Michelet, »Vorrede«, xvii.

[22] Vgl. Schönrich, *Schellings Metaphysik*, Abschnitt III–V; darüber hinaus stütze ich mich auf die ausführliche Darstellung und Kritik des objektiven Idealismus, wie sie von M. Schmuck kürzlich vorgelegt worden ist: *Peirces »Religion of Science«. Studien zu den Grundlagen einer naturalistischen Theologie*, Tübingen 2014.

ständige, d.h. die *wahre* Bestimmung von allem und hat deshalb die Funktion des *Absoluten*, das nach dem Modell eines mathematisch-ontologischen *Kontinuums* gedacht wird: *metaphysischer* objektiver Idealismus. (3) Der metaphysische *Grund* lässt dann den schöpferischen Anfang von allem als Chaos von Unbestimmtheit bzw. Nichts von Bestimmtheit vorstellen, die zu Bestimmungsgewinn, Regelhaftigkeit und Verhaltensbildung in der Lage sind: objektiver Idealismus als *evolutionäre Metaphysik* und Theologie der Kreativität.

1. Wird die Wirkeinheit von Geist und Natur behauptet, weil uns die Naturdinge allein zeichenvermittelt, d.h. über Fühlen, Erkennen und Denken im triadischen Zugleich von Zeichen, Objekt und Interpretant zugänglich sind, dann basiert diese Erkenntnistheorie einerseits auf Kants ›kopernikanischer Wende‹, geht andererseits aber in der Naturalität derselben Zeichenereignisse als realer Prozesse deutlich über Kant hinaus. Hier wird »weit mehr« gefordert, »als eine arme regulative Idee leisten kann«.[23] Auch Kants Zugeständnisse in der »teleologischen Urteilskraft« können nicht genügen, denn das »reflektierende« Urteil über die »Erzeugung gewisser Dinge der Natur« steht, was die reale Zweckhaftigkeit betrifft, unter dem zwingenden Vorbehalt eines »als wenn«. Oder anders gesagt: Es ist menschlich, der »Natur den Begriff einer Absicht unterzulegen«;[24] es handelt sich also nur um ein »subjektives Prinzip«, »als ob es ein objektives« wäre.[25]

Anders der objektive Idealismus: Was sich darstellen, prüfen und regelhaft erkennen lässt, das sind die Dinge, wie sie sind – weil und insofern solches Erkennen aus seiner natür-

---

[23] SCHÖNRICH, *Schellings Metaphysik*, 8; vgl. SCHMUCK, *Peirces »Religion of Science«*, Kap. 1.3.1.3.

[24] I. KANT, *Kritik der Urteilskraft* (1790), B 333 f.

[25] Ebd., B 344.

lichen Vorgeschichte herkommt. Die »Natur« kommt »zur Vernunft« (mit Schelling gesagt);[26] vom instinktiven Verhalten bis zur Theorie logischer Schlussformen bleibt die Vernunft natürlich, und das prinzipiell Unerkennbare (»Ding an sich«) außerhalb von Zeichenereignissen gibt es nicht, die Realität ist erkennbar (mit Peirce gesagt).

Doch ist diese Begründungsfigur tragfähig? Liegt hier nicht ein Zirkelschluss vor, der Natur mit Geist / Vernunft erklärt und umgekehrt? Und wie soll, wenn es keinen darstellungsneutralen Objektzugang geben kann, diese Frage überhaupt entschieden werden?[27] Diese Kritikpunkte setzen alle stillschweigend die prinzipielle Subjekt-Objekt-Gegenstellung der neuzeitlichen Erkenntnistheorie voraus. Die entscheidende Metakritik des objektiven Idealismus besteht deshalb darin, diesen Ausgangspunkt nicht mehr zu akzeptieren und als umgriffen von einer primären Ereigniseinheit anzusehen. Diese ist nun semiotisch dadurch sehr gut zu begründen, dass zum einen der Objektbezug in jeder Semiose konstitutiv ist und zum anderen zwischen *unmittelbarem* (dem jeweils vorgestellten) und *dynamischem* (dem jeweils außen bestehenden) Objekt unterschieden wird. Es gibt in vor- und nicht-bewussten Zeichenereignissen eine unproblematische, sozusagen natürliche Subjekt-Objekt-Einheit, erst in reflektierten Bezugnahmen, Begriffen und Urteilen tritt die Differenz zwischen Darstellung und Objektwelt auf. Diese Differenzbildung ist also ein späteres Produkt von bewusstwerdenden Zeichenprozessen, und nach einer – künstlichen – Brücke zwischen Innen- und Außenwelt muss nicht gesucht werden, weil dieser Zusammenhang aufgrund der semiotischen Struktur immer

[26] Vgl. ebenfalls im Kontext des späten Schelling M. D. KRÜGER, »Mehr als notwendig. Natürliche Theologie nach Schelling«, in: M. WASMAIER-SAILER / B. P. GÖCKE (Hg.), *Idealismus und natürliche Theologie*, Freiburg – München 2011, 135–146, hier 137.

[27] Vgl. SCHÖNRICH, *Schellings Metaphysik*, 10.

schon vorausgeht. So kann die Wahrnehmung eines Summtones ein Körpergefühl oder eine Körperreaktion auslösen, ohne dass das Objekt des Zeichens (ein Musikinstrument) als solches bewusst wird; ist das aber der Fall, so sind unmittelbare Objektbezüge etwa der Tonbeschaffenheit ebenso darstellbar wie dynamische im Blick auf immer wieder andere Tonbedeutungen, Zuordnungen zum Instrument und unterschiedliche Kontexte, in denen entsprechende Wirkungen auftreten.

Deshalb kann in Bezug auf Peirce auch von *semiotischem Idealismus* gesprochen werden,[28] und der ontologischen Interpretation der Zeichenstruktur noch näher kommt das Stichwort der *kategorialen Semiotik*, sofern die phänomenologischen Kategorien von Qualität, Reaktion und Repräsentation[29] auf die Zeichenstruktur angewandt und als Partizipationen an realen Prozessen ausgelegt werden: Das Prädikat im Satz ist qualitativ-ikonisch, das Subjekt reaktiv(-empirisch)-indexikalisch und die Satzbildung selbst repräsentierend-symbolisch; und diese kategorial, nicht mehr im erkenntnistheoretischen Subjekt-Objekt-Schema aufgefasste Struktur ist immer Teil der Realität im Ganzen, der drei *Universen der Erfahrung*, wie es Peirce formuliert hat.[30] So vermittelt sich die Qualität eines Summtones durch Bezug auf seinen (natürlichen oder instrumentellen) Ursprung in einem interpretierenden (Satz-)Zusammenhang, der die Wirkung auf Körper und Geist je nach Situation zum Ausdruck bringt. Dabei schwingt immer mit, dass es überhaupt Qualitäten, empirische Bezugnahmen und die wirksame Interpretation beider im Universum ›gibt‹. Geht aber diese Wirklichkeit immer und allem anderen voraus, dann artikuliert die semiotische Vernunft, aktiv und passiv,

---

[28] Vgl. Schmuck, *Peirces »Religion of Science«*, Kap. 1.3.1.3.

[29] Vgl. Anm. 1 (zur Kategorienlehre und zu den »Systemen der Metaphysik«).

[30] Vgl. Deuser, *Religionsphilosophie*, 435; Schmuck, *Peirces »Religion of Science«*, Kap. 1.

ihre Voraussetzungen – und darin liegt kein Zirkel, sondern im Gegenteil die instinktiv wahrgenommene Vertrauenswürdigkeit von Vorgaben, ohne die kein Fühlen, Denken und Handeln zustande kommen könnten. Der religiöse Glaube hat genau hier seine Wurzeln, und er widerspricht nicht nur nicht dem Geist der Wissenschaften, sondern er stützt sich wie diese auf die metaphysische Einbettung der semiotischen Vernunft in die Universen der Erfahrung.

2. In dieser Weise *metaphysisch* das Ganze der Erfahrung als darstellbar, strukturiert und insofern (partiell) als vernünftig aufzufassen impliziert nicht nur prinzipielle Erkennbarkeit, sondern auch die Wahrheitsfähigkeit von (wissenschaftlichen) Sätzen, in denen es zur Korrespondenz zwischen Wirklichkeit und Darstellung kommt.[31] Die eigentliche Prüfinstanz aber wäre dann erst am Ende aller Prozesse erreicht: unter der Bedingung der vollständigen Bestimmung. Peirce verlegt damit Kants Vorstellung des »transzendentalen Ideals« und des »Urbilds (prototypon) aller Dinge«[32] in die Prozessfigur einer Wahrheitsinstanz, die vom antizipierten Ende her rückwirkend als Verpflichtung zur unbedingten Wahrheitssuche wirksam werden kann. Die Einstellung zur Forschung steht jedenfalls im Licht sowohl der Fülle der Entwicklungs- als auch der Darstellungsmöglichkeiten. So kann, um unser Beispiel fortzusetzen, ein Summton wahre Bestimmungen finden vom Flüstern des Windes im Gras über seinen Beitrag in einer Orchestersymphonie bis zum Hintergrundrauschen des Weltraumes. Als Kriterium der Wahrheitsfindung ist damit eine deutliche Zukunftsperspektive im Spiel, und darauf bezogen kann

---

[31] Vgl. SCHMUCK, *Peirces »Religion of Science«*, Kap. 4.1.3.

[32] KANT, *Kritik der reinen Vernunft*, B 600–602, 605 f.; vgl. SCHÖNRICH, *Schellings Metaphysik*, 11–13 (zum weitergeführten Vergleich mit Kant und Schelling).

Peirce auch von »konditionalem Idealismus« sprechen, sofern es um die – nicht vom Forschungsverhalten selbst abhängige – Wahrheit geht, zu der »ausreichendes Forschen letztlich führen *würde*«.[33] Auch das aber setzt ein jetzt schon wirksames »Kontinuum« an Entwicklungspotentialen voraus, in dem sich (natürliche) Wirklichkeit und ihre (semiotische) Darstellung nicht nur entsprechen, sondern auch gegenseitig auslegen und bedingen. Das Kontinuum selbst aber muss gegenüber allen seinen Zugängen als »alles Denken übertreffende Wirklichkeit« vorausgesetzt werden.[34]

Konsequent ist als Rückseite des Wahrheitsbegriffs *in the long run* bzw. *in futuro* das Programm des *Fallibilismus* anzusetzen. Denn unter der Bedingung, dass die Welt selbst, die gemachten Erfahrungen und die Theorien der Wissenschaften sich immer in Entwicklung befinden, kann kein Gesetz letztgültig sein. Der Evolutionismus impliziert die Anerkennung von prinzipiell falliblen Resultaten, bedarf deshalb auch keiner (metaphysischen) Letztbegründung (etwa im Sinne der Gottesbeweise). Auch die Position dieser *evolutionären Metaphysik* unterliegt selbst dem fallibilistischen Vorbehalt. Anders gesagt: Wissenschaftliche Theorien haben letztlich hypothetischen Charakter. Das aber ist nicht als Schwächung von Geltungsanspruch und Überzeugungskraft etwa der Naturgesetze zu verstehen, denn jeweils aktuell gesehen sind diese nach bestem Wissen und Gewissen ermittelt. Das bedeutet, dass Zweifel gerade nicht als ständige Skepsis am Werk sind – in diesem Sinne darf der Begriff der Hypothese nicht verstanden werden. Zweifel treten vielmehr erfahrungsgeleitet auf, d.h. nur aus

---

[33] PEIRCE, *Schriften zum Pragmatismus*, 530; *Essential Peirce*, Bd. 2, 419.

[34] Vgl. SCHÖNRICH, *Schellings Metaphysik*, 15f.; das Zitat stammt aus Schellings Abhandlung »Philosophische Einleitung in die Philosophie der Mythologie oder Darstellung der reinrationalen Philosophie«, in: *Schellings Werke*, Bd. 5, hg. von M. SCHRÖTER, München 1928, 496.

konkretem Anlass; und solange dies nicht der Fall ist, gilt die Überzeugungsgewissheit für etabliertes Verhalten in den Wissenschaften genauso wie im alltäglichen Leben.

Fallibilismus und Wahrheitsauffassung stabilisieren also den objektiven Idealismus als neue Metaphysik, die mit dem evolutionären Denken und den Methoden der modernen Einzelwissenschaften kompatibel ist. Mehr noch: Beide Seiten kooperieren notwendigerweise, weil die (semiotische) Strukturlogik jetzt der Metaphysik und damit den Einzelwissenschaften systematisch vorausliegt und weil etwa die Vorstellungen von Raum und Zeit in Physik und Biologie Rückwirkungen auf die metaphysischen Modellvorstellungen haben. Das alles wird möglich, wenn gilt, dass »geistige Strukturen als Grundprinzipien des Seins in Rechnung zu stellen sind«.[35] Zum angemessenen Umgang mit diesen Grundprinzipien gehört dann auch, das darin eingelassene Vertrauensverhältnis, die instinktive Entdeckungsgewissheit und abduktive Hypothesensicherheit entsprechend zu pflegen, so dass spielerischer Freiraum entstehen kann. In genau dieser Funktion und Bedeutung ist Peirce' *Gottesargument* verankert: Es setzt auf instinktiven Glauben über meditative *Versonnenheit*. Beides stammt aus einer tiefen Schicht begrifflich extrem *vager*, aber gerade deshalb überzeugungsstarker und handlungsleitender Erfahrung: »*der Glaube [belief], den der Gläubige selbst nicht erkennt*, [...] nach dem er seine Lebensführung zu richten bereit ist, ohne zu erkennen, was es genau ist«.[36]

Das gilt im Bereich der Hypothesenbildung und immer vorgegebenen Basisüberzeugungen auch für die Wissenschaften. Ihr Geist und die Praxis ihrer Wahrheitsfindung über-

---

[35] Schmuck, *Peirces »Religion of Science«*, Kap. 4.1.3, S. 239.

[36] C. S. Peirce, *Religionsphilosophische Schriften*, hg. von H. Deuser, Hamburg 1995, 535 (aus einem der Briefe an Lady Welby aus dem Jahr 1908 zur Erläuterung seines »Neglected Argument for the Reality of God«).

schneiden sich in diesem Punkt der ursprünglich kreativen Einstellung zu den Dingen. Der objektive Idealismus ist in diesem Sinne eine »Glaubensphilosophie«,[37] die zugleich auf Überzeugungsgewissheit und wissenschaftlich-kritisches Methodenbewusstsein setzt.

3. Der Prozess von der Hypothesenfindung über die Prüfung an den Fakten bis zur Gesetzesformulierung hat, übertragen auf die Evolution selbst, die kategoriale bzw. kosmologische Form von Qualität, Empirie und Naturgesetz, und zwar so, dass die *evolutionäre Metaphysik* das offensichtliche Wachstum und die natürliche Variationsfülle der Natur (und dann entsprechend der Kultur) erklärt, indem eine kreative Bewegung vom Unbestimmten / Bestimmbaren zum immer mehr Bestimmten angenommen wird. Auch hier sind Vergleiche mit Schellings dreigliedriger Potenzenlehre möglich, nur dass Peirce über den (mathematischen) Relationsbegriff und die formale Semiotik stärkere wissenschaftliche Begründungen für seine Kosmologie anführen kann.[38]

Das triadische Denkmodell stellt einen differenzierten Zusammenhang vor, aber auch jeweils ein Gefälle: vom Ursprünglichen zum (vollständig) Bestimmten einerseits und vom geistig Vermittelten inklusiv zum Faktischen und Qualitativen andererseits. Es kommt zunächst darauf an, die unterschiedlichen Perspektiven festzuhalten.[39]

(1) *Phänomenologisch* gesehen spricht alles für die Gleichzeitigkeit der drei kategorialen Aspekte. Eine auftretende Qualität verweist auf (materiale) Instantiierungen, und die Relation beider Seiten wird verallgemeinernd verstanden oder als (regelhaftes) Verhalten ausgebildet. Alle Wahrnehmungen, Er-

---

[37] Schmuck, *Peirces »Religion of Science«*, Kap. 2.1.2 und 2.1.3.

[38] Vgl. Schönrich, *Schellings Metaphysik*, 18–21.

[39] Vgl. Schmuck, *Peirces »Religion of Science«*, Kap. 4.2.

fahrungen und Denkvollzüge sind als Ereignis aktual einheitlich, der analysierbaren Struktur nach dreigliedrig, wobei von allen drei Aspekten ausgegangen werden kann: Die einstellige Qualität bedarf einer Bezugnahme, um erkannt werden zu können; die zweistellige empirische Instanz enthält bereits den Qualitätsbezug; die dreistellige Darstellung bringt die Relation vollständig zum Ausdruck.

(2) *Kosmologisch* gesehen zeigt sich der objektive Idealismus von seiner ›objektiven‹ Seite, d. h. der Prozess der Entstehung und Entfaltung des Universums soll in einer Struktur des Werdens erfasst werden, die von einem absolut unbestimmten Anfang über raumzeitlichen Bestimmtheitsgewinn zu einem ebenfalls absoluten Ende an Bestimmtheit (Zweitheit) gedacht werden kann. Allerdings entsteht hier ein doppeltes Problem: Wie ist radikale Unbestimmtheit zugleich als kreativ zu denken, und warum steht der kategorial zweite Aspekt (der empirischen Existenz / Reaktion) im evolutionären Prozessbild dann an dritter Stelle der Entwicklungslinie?

Zum ersten ist zu sagen, dass – in möglichst kohärenter Abstimmung mit den zuständigen Wissenschaften – der radikale Anfang von allem (etwa im Sinne des Urknalls) noch nichts Bestimmtes enthalten kann, als produktiver Ausgangspunkt aber zugleich eine Qualität von chaotischen Möglichkeiten darstellen muss. Darin kommt der objektive Zufall zur Wirkung (Darwinismus), und in der Folgeentwicklung ist trotz etablierter Naturgesetze der Determinismus ausgeschlossen.

Zum zweiten macht der Einbau der Zeitachse in die Kategorienabfolge deutlich, dass Anfang und Ende der Evolution beobachtbar und berechenbar sein müssen, aber ohne die geistige Vermittlung der dritten Kategorie nicht der Prozess selbst sein können. Die Kontinuität des Ganzen setzt die (triadische) Einheit von Geist und Natur voraus. Bildlich vorgestellt: Die drei kosmologischen Kategorien sind besser nicht auf einer Linie, sondern eher als Dreieck zu denken.

(3) *Metaphysisch* gesehen ist die Einheit des objektiven Idealismus von der Darstellung her konzipiert, der Drittheit, die die beiden vorausgehenden Kategorien einbezieht.[40] Deren Selbständigkeit und Nicht-Reduzierbarkeit aber soll zugleich gelten, und der evolutionäre Entwicklungsgedanke vom Chaos über Regelbildung zur vollständigen Bestimmung darf nicht ausgeschlossen werden. Um diesen mehrfachen Ansprüchen zu genügen, wird es notwendig sein, die Realität eines qualitativen Ersteindrucks, eines Faktums und einer Begriffsbildung jeweils *für sich selbst genommen* zu unterscheiden von der immer möglichen strukturellen Hintergrundbeleuchtung, die die jeweils anderen beiden Kategorien in ihrer konstitutiven Mitwirkung in den Blick nimmt. Bildlich vorgestellt: Die kategorialen Aspekte können je für sich im Licht stehen, während die jeweils anderen abgeschattet bleiben. Das Gefühl für und mit einem Ton in seiner puren Qualität ist etwas anderes als die Tonmessung in einem Studio und die Interpretation eines Tones im Zusammenhang der Aufführung eines Musikstückes. So bleibt die Selbständigkeit jedes Aspektes gewahrt, und die analysierende Struktur kann jederzeit aufgerufen werden.

IV. Evolutionäre Metaphysik?

Ist die naturphilosophisch geprägte Metaphysik eines *objektiven Idealismus* heute noch vertretbar? Drei Einwände (entsprechend der in Abschnitt III gegebenen Darstellung[41]) sollen zur Beantwortung dieser Frage diskutiert werden.

(1) Der differenzierte Zusammenhang von Geist und Natur findet seine Begründung darin, dass strukturierte Prozesse des Erkennens erfolgreich mit der Welt der Dinge korrespondieren.

---

[40] Vgl. Anm. 1 (zur IV. Pragmatismusvorlesung).
[41] Vgl. Anm. 22.

Die Finalität dieser Prozesse aber müsste nicht zwingend aus der kategorialen Semiotik übernommen werden, im Gegenteil, es könnte sich um eine vorschnelle »Ontologisierung«[42] handeln, die Eigendynamik von Darstellungen in der Realität wiederfinden zu wollen. Es geht also nicht um das Ob einer mit Religiosität kompatiblen Kosmologie, sondern um das Wie; und da macht es einen Unterschied, wenn für buchstäblich alles ein Werde-Prozess angenommen werden muss oder die Wissenschaften von der zunehmenden Bestimmung einer doch schon für sich bestehenden Realität (der Naturgesetze) ausgehen können. Letzteres kann *Essentialismus* genannt werden: dass im evolutionären Prozess die »Natur der Dinge« entdeckt wird, nicht aber erst entsteht.

Diese Wissenschaftsauffassung hat Folgen für das Verhältnis zur Theologie, denn anstatt die Wirklichkeit Gottes wie der Welt gemeinsam als radikales Werden zu sehen, stehen jetzt der religiöse Glaube als legitime Wirklichkeitserschließung und die davon unabhängigen Naturgesetze einander gegenüber. Es könnte überdies so scheinen, als sei die betonte Eigenständigkeit der Naturwissenschaften doch wieder auf einen Wirklichkeitsbegriff angewiesen, der ›hinter‹ der Realität der Darstellung sein eigenes Recht behauptet. Das scheint nötig, um unsachgemäße »kreationistische«[43] Übergriffe einer methodologisch sich missverstehenden Theologie auf die Naturwissenschaften auszuschließen. So verständlich und berechtigt dieses Motiv ist, es erscheint im Falle von Peirce' objektivem Idealismus, der die Theologie von einem phänomenologi-

---

[42] Vgl. SCHMUCK, *Peirces »Religion of Science«*, 197, und im Folgenden Kap. 3.4.

[43] Zur Diskussion um den Kreationismus vgl. H. DEUSER, »Religion und Evolution«, in: *Was ist Wahrheit anderes als ein Leben für eine Idee. Kierkegaards Existenzdenken und die Inspiration des Pragmatismus. Gesammelte Aufsätze zur Theologie und Religionsphilosophie*, hg. von N. J. CAPPELØRN / M. KLEINERT, Berlin–New York 2011, 626–651, hier 626–628.

schen Zugang her undogmatisch als religiöse Erfahrung entwickelt, ganz unnötig, weil die forschungspraktisch getrennte Zuständigkeit für Lebensanschauung bzw. Lebensführung von der einzelwissenschaftlichen Empirieverpflichtung klar unterschieden werden kann.

(2) Eine entsprechende Kritik und Metakritik ist im Blick auf Peirce' Wahrheitsbegriff *in the long run* anzusetzen. Denn wenn die volle Wahrheit erst am Ende aller Dinge und Bestimmungen feststeht, hat dann der unumgängliche Infallibilismus nicht die negative Konsequenz, dass wahre Ideen – in der Zeit und im Werden – immer nur futurisch möglich sind, nicht aber wirklich gelten? Zu heilen wäre dieser Nachteil durch einen *Aktualismus*: dass die gesetzhafte Gültigkeit von Möglichkeiten und Allgemeinheiten jeweils jetzt angenommen wird, die nicht mehr durch ein radikales Werden oder einen prinzipiellen Indeterminismus relativiert werden müssten. Der entscheidende Punkt liegt darin, dass Peirce den Werde-Prozess vom Unbestimmten zur wachsenden Bestimmtheit totalisiert, zur Gesetzesformulierung also genau genommen bis ans Ende aller Induktionsschlüsse warten müsste, was die Gegenwart der unsicheren Zufälligkeit auslieferte. Soll aber die Gesetzhaftigkeit aktual gelten, dann muss darauf verzichtet werden, Unbestimmtheit aus Prinzip anzunehmen. Zwar gibt es im Forschungsprozess faktisch (noch) Unbestimmtes, aber der ontologische Schluss auf absolut Unbestimmtes und ein absolutes Werden ist unzulässig.

Auch in dieser Kritik dominiert wiederum die Rationalität des Gesetzesbegriffs vor dem radikalen Entwicklungsgedanken. Wenn die Naturgesetze aber nicht der (evolutionären) Entwicklung unterliegen, woher kommen sie dann? Diese Frage erscheint, den Zusammenhang von Geist und Natur einmal zugegeben, nicht unzulässig. Selbst ein durchgängiger Determinismus müsste ja einen Grund haben, und die Realität eines Ganzen als Prozess ist eine naheliegende kosmologische

Hypothese. Zu ihr gehört der kreative Ursprung, und der Gottesgedanke bzw. die Schöpfung *ex nihilo* sind damit unmittelbar verbunden. Natürlich hängt hier jede genauere Vorstellung von Fortschritten in den Einzelwissenschaften ab, aber einstweilen scheint es nicht widersprüchlich, *Realität* so zu denken, dass kreative Möglichkeiten, empirische Wirklichkeiten und gesetzhafte Notwendigkeiten einen Prozesszusammenhang darstellen. Absolut wäre allein das Ganze; relativ, endlich und fallibel die einzelnen Modi der Präsenz.

(3) Schließlich hängt alles ab vom kreativen Ursprung selbst. Peirce' objektiver Idealismus ist durch die Kategorie der Erstheit, durch instinktgeleitete Abduktion und die (begriffliche) Vagheit von Erstwahrnehmungen einer analogen Kosmologie verpflichtet, deren Anfangszustand als Chaos von – zufallsproduktiven – Möglichkeiten konzipiert werden kann. Aus diesem Nichts von Bestimmungen entstehen Verhaltensformen und zunehmend regelhafte Bestimmtheit, und der schöpfungstheologische Topos der *Creatio ex nihilo* deckt sich mit dieser Kosmologie der ursprünglichen Kreativität. Eine der nomologischen Rationalität folgende Kritik muss nun genau diesen Prozess vom Vagen zum Bestimmten bestreiten, weil die Einzelwissenschaften unter der Bedingung von Vagheit und real aufgefasster Fallibilität gar nicht arbeiten könnten. Hinzu kommt die schon genannte Frage, wie und warum sich aus einem ursprünglichen Chaos überhaupt etwas entwickeln können soll, ob also nicht längst gesetzhafte Voraussetzungen (d.h. alle drei Kategorien) im Spiel sind, die ein produktives Erstes garantieren könnten. Kurz gesagt: Nicht die Wirklichkeit selbst ist unbestimmt, sondern nur ihre Darstellung.

Wiederum abgesehen von der ebenso berechtigten wie schwierigen Frage, welche der beiden kosmologischen Modellvorstellungen von den Einzelwissenschaften, zumal der Physik, am ehesten unterstützt wird – es kann auf jeden Fall auf die unterschiedlichen Perspektiven aufmerksam gemacht werden:

Die nomologische Rationalität geht von der faktischen Erklärbarkeit aus, und beim Blick zurück in der Zeit ist kein Anlass, die einmal gefundene Gesetzhaftigkeit nicht gelten zu lassen. Anders gesagt: Neu oder zu verändern gefundene Naturgesetze setzen sich selbst immer schon voraus. Demgegenüber ist das radikale Werden der evolutionären Metaphysik gleichsam der Versuch, im und mit dem Prozess selbst zu denken, das Werden, noch ohne das Resultat zu kennen, mitzugehen, die Blickrichtung nach vorn einzunehmen. Zwar ließen sich dann immer nachträglich Kontextbedingungen entdecken, die das Werden bestimmbarer machen, als es aktuell gesehen der Fall war; das aber kann im Anfang von allem, der analogielos gedacht werden muss, nicht durchgeführt werden. Das primordiale Werden lässt sich folglich nur so denken, dass, in diesem einzigen Fall, *ex nihilo* der Möglichkeit nach und tendenziell *etwas* wird. Sollten dazu im Ursprung bereits alle drei Kategorien wirksam sein, dann einer anderen Wirklichkeit der Ermöglichung nach, etwa mit Schellings Worten: Die »beiden Entgegengesetzten, die ewig verneinende und die ewig bejahende Potenz und die Einheit beider machen das Eine unzertrennliche Urwesen aus«.[44] Oder mit Peirce, einer Notiz zum »Gottesargument« von 1908:

> Die Kosmologie oder die erklärenden Wissenschaften zeigen dann bezüglich der DREI UNIVERSEN zumindest auf plausible Weise, wie die DREI UNIVERSEN aus einem vorausgehenden Zustand hervorgegangen sind. […] Doch sie [sc. die Logik] muss einige Dinge in diesem vorausgehenden Zustand annehmen, und zwar die, die in jedem auch nur möglichen Zustand der Dinge REAL sein würden, das heißt, ein *Ens Necessarium*. […] das PRINZIP aller Phänomene und […] der Urheber und Schöpfer von allem.[45]

---

[44] Vgl. SCHÖNRICH, *Schellings Metaphysik*, 18; das Zitat stammt aus Schellings »Die Weltalter, Bruchstück (1813)«, in: *Schellings Werke*, Bd. 4, hg. von M. SCHRÖTER, München 1927, 593.

[45] Peirce, *Religionsphilosophische Schriften*, 530 f., Anm. 13.

Das könnte weiterhin als objektiver Idealismus verstanden werden, in dem Naturphilosophie und Theologie wieder zu einem selbstverständlichen Austausch finden sollten.

6

Naturalistische Motive in Tillichs Geist-Theologie

Natur in der Theologie naturwissenschaftlich zu verstehen und zugleich in das theologische Denken produktiv zu integrieren, das war im 19. und 20. Jahrhundert kaum möglich und auch nur selten als Aufgabe überhaupt gesehen worden. Zwar gab es die den Naturwissenschaften nahestehenden Philosophien und Theologien des Neukantianismus,[1] deren Ethik- und Religionsbegründungen aber unterlagen gerade der kantischen Trennung von theoretisch-wissenschaftlicher und praktisch-lebensorientierender Vernunft; zwar gab es auf dem Gebiet der fundamentaltheologisch relevanten (mathematisch-naturwissenschaftlich orientierten) Wissenschaftstheorien und neuen Logiken Berührungen mit geisteswissenschaftlichen Schulbildungen – zumal in den verschiedenen Diskussionsphasen um die Phänomenologie;[2] zwar gab es Karl Heims[3] Auseinandersetzung mit der naturwissenschaftlichen Moderne, die neuen philosophischen Anthropologien auf naturwissenschaftlicher Basis[4] (Helmuth Plessner, Arnold Gehlen u.a.), die evoluti-

---

[1] Vgl. H. Holzhey, »Neu-Kantianismus«, in: *Historisches Wörterbuch der Philosophie*, Bd. 6, Basel 1984, 747–754.

[2] Vgl. K. Held, »Einleitung«, in: E. Husserl, *Die phänomenologische Methode. Ausgewählte Texte* I, Stuttgart 1985, 5–51.

[3] Einer »der großen Außenseiter der protestantischen Universitätstheologie des 20. Jahrhunderts«; vgl. G. Pfleiderer, »Heim, Karl«, in: *Die Religion in Geschichte und Gegenwart*, Bd. 3, 4. Aufl., Tübingen 2000, 1592.

[4] Vgl. G. Hartung, *Das Maß des Menschen. Aporien der philosophi-*

onistische Theologie Pierre Teilhards de Chardin[5] und Carl Friedrich von Weizsäckers *Die Geschichte der Natur* (1948); aber eine zugleich explizite und intensive religionsphilosophische oder theologische Bezugnahme auf die naturwissenschaftliche Natur war in Deutschland doch in aller Regel erst nach 1970 möglich – nach dem Epocheneinschnitt des ökologischen Krisenbewusstseins und mit den verspätet entdeckten eigenständigen natur- und religionsphilosophischen Arbeiten z. B. von Charles Sanders Peirce (1967 durch Karl-Otto Apel deutsch publiziert) und A. N. Whitehead (*Prozess und Realität*, 1929; deutsch 1979). Wolfhart Pannenbergs Artikel »Kontingenz und Naturgesetz«[6] erscheint 1970.

Geist dagegen ist auf den ersten Blick, theologisch gesehen, eine Selbstverständlichkeit – in der religionsphilosophischen Moderne aber eine durchaus erschütterte, bezweifelte, oftmals selbstisoliert auftretende, jedenfalls fragliche Selbstverständlichkeit, die sich mutig oder zurückweichend der Zuordnung von Geist und Materie zu stellen hatte. Das Kompositum *Natur und Geist* beschreibt folglich die weltbildrelevante Basisherausforderung jeder Schöpfungstheologie, aber erst recht jeder Christologie und Pneumatologie, wie es beispielhaft Karl Rahners – nicht zuletzt deshalb als »transzendental« bezeichneter – Denkansatz bezeugt: Die Moderne überhaupt zu verstehen verlangt, von der »evolutiven Weltanschauung«[7] auszu-

---

schen Anthropologie und ihre Auflösung in der Kulturphilosophie Ernst Cassirers, Weilerswist 2003, I. Teil.

[5] Vgl. S. M. Daecke, »Teilhard de Chardin, Pierre«, in: *Theologische Realenzyklopädie*, Bd. 33, Berlin 2002, 28–33.

[6] Zusammen mit einem Beitrag des Physikers A. M. K. Müller unter dem Gesamttitel *Erwägungen zu einer Theologie der Natur*, Gütersloh 1970.

[7] K. Rahner, *Grundkurs des Glaubens. Einführung in den Begriff des Christentums*, 12. Aufl., Freiburg im Breisgau 2008, 174–176; zu Rahners Begriff der »transzendentalen Erfahrung« vgl. Li-Chuan Lee, *Hermeneu-*

gehen; alle weiteren theologischen Begriffsbildungen müssen sich in diesem Horizont präsentieren können.

Solche mehr oder weniger massiven Spuren naturwissenschaftlich geprägter Positionsbildungen sind also generell im 20. Jahrhundert zu erwarten. Wie geht Paul Tillichs religionsphilosophisches und systematisch-theologisches Denken damit um? Miteinander verflochten sind es drei Grundformen, in denen vom Frühwerk bis in die *Systematische Theologie* das Naturverhältnis deutliche Spuren hinterlassen hat: (I) Die Natur, vermittelt über die modernen Erfahrungswissenschaften, dient als *Abstoßeffekt* für die ganz andere, geschichtliche Sinn-, Geist- oder Seinslehre. (II) Die Natur, vermittelt über die Schelling-Interpretation, dient als realistisches *Differenzkriterium* für eine nicht-subjektivistische, kritische Anknüpfung an den deutschen Idealismus. (III) Die Natur, vermittelt in der Pneumatologie, erscheint als *naturtheologisches Desiderat*, notwendiges Aufbauelement und insofern als *naturalistisches Motiv* in der von Tillich gesuchten Existenz-Ontologie.[8]

---

neutische Theologie in einer pluralistischen Welt, Frankfurt am Main 2007, 148–150; H. Deuser, »Was bedeutet ›transzendentale Erfahrung‹ in der Theologie?«, in: J. Keppeler / M. Spaeth (Hg.), *Die Unmöglichkeit, auf einem Punkt zu leben. Interdisziplinäre Zugänge zur Tradition. Festschrift für Siegfried Wiedenhofer*, Ostfildern 2011, 38–53.

[8] Zur Begründung dieser begrifflichen Charakterisierung für Tillichs Theologie vgl. H. Deuser, »Gottes Poesie oder Anschauung des Unbedingten? Semiotische Religionstheorie bei C. S. Peirce und P. Tillich«, *Internationales Jahrbuch für die Tillich-Forschung* 2 (2006): *Das Symbol als Sprache der Religion*, 117–134, hier 118–120, jetzt auch in: H. Deuser, *Was ist Wahrheit anderes als ein Leben für eine Idee. Kierkegaards Existenzdenken und die Inspiration des Pragmatismus. Gesammelte Aufsätze zur Theologie und Religionsphilosophie*, hg. von N. J. Cappelørn / M. Kleinert, Berlin–New York 2011, 604–625, 605–607.

I. Natur als Abstoßeffekt

Tillich hat die Bedeutung der Naturwissenschaften von Beginn an gesehen, und er weiß offensichtlich, wovon er spricht. In dem Vortrag »Die Grundlage des gegenwärtigen Denkens« (1912/13), worin moderne Forschungsfreiheit und Skepsis als verschwistert porträtiert werden, sind es – neben und nach Reformation und Historik – die Naturwissenschaften und die Mathematik, die anstelle von Autorität das »freie Denken« unwiderruflich etabliert haben: »Die Natur, die nur erkannt wird durch freie Beobachtung«; ihr »gegenüber gibt es keine Autoritäten, denn jeder kann selbst nachprüfen«.[9] Das gilt erst recht für die unwiderlegliche Kraft der »mathematischen Evidenz«;[10] und beide, Naturwissenschaften und Mathematik, verstärkt durch »Technik«, »Industrie« und die »Hebung des Wohlstandes«,[11] befördern so die populäre Aburteilung der nur noch veraltet wirkenden Systeme des Geistes. Doch der Vortrag endet mit dem Appell, es könne doch, weil wir »an die Wahrheit glauben müssen«, die eine Wahrheit »um unseres Geistes und um unseres Gewissens willen«[12] auch wieder gefunden werden.

Solche anerkennende Rezeption naturwissenschaftlichen Denkens lässt sich durchgängig und vielfach belegen: Unsere »Stellung zur Welt« wird von den empirisch-mathematischen Wissenschaften vorweg bestimmt, das gilt von Leonardo und Francis Bacon bis zu Albert Einstein;[13] ja, am Triumph der Re-

---

[9] P. Tillich, »Die Grundlage des gegenwärtigen Denkens«, in: *Gesammelte Werke. Ergänzungs- und Nachlassbände* (im Folgenden zitiert als EGW), Bd. 10, Berlin–New York 1999, 75–84, hier 79.

[10] Ebd.

[11] Ebd., 83.

[12] Ebd., 84.

[13] P. Tillich, »Einleitung in die Geschichtsphilosophie« (1923/24), in: EGW X, 426–431, hier 426.

lativitätstheorie sieht Tillich die Ambivalenz, dass sie einerseits in ihrer Berechenbarkeit autark bestehen kann, andererseits hat sie »Unruhe« in das »physikalische Bewusstsein« gebracht, die »innere Unendlichkeit des Seienden gezeigt«.[14] Oder anders: Auch für die »mathematische Physik« gilt, es »gibt kein Seiendes, dem die Freiheit ganz fehlte. Es gibt kein ganz Bedingtes«.[15] So ist bei aller Faszination der technischen Welt und ihres Inbegriffs, der Maschine,[16] dieses »dritte Reich« zwischen »Natur und Geist« doch eher die Natur fixierend, nicht lebendig oder schöpferisch in sich selbst, bloß eine »Außenschicht des Daseins«.[17]

Bei allem Respekt vor der welterschließenden Kraft und methodischen Unangreifbarkeit des naturwissenschaftlichen Naturbegriffs, es bleibt immer auch der Abstoßeffekt im Spiel: eben die »Tiefenschicht«[18] des Daseins von seiner »Außenschicht« abheben zu müssen. Ich möchte diesen Punkt hier leihweise mit einer Unterscheidung Søren Kierkegaards auf den Begriff bringen, mit der er wohl als Erster das kategoriale Umdenken der Geschichtlichkeit des Daseins im Abstoßen vom bloßen Naturverhältnis, wie es die modernen Naturwissenschaften zum Maßstab erhoben haben, aufgedeckt hat. An berühmter Stelle, im »Zwischenspiel« der *Philosophischen Brocken*, heißt es: Die Natur ist »zu abstrakt«, »um in strengerem Sinne dialektisch zu sein in Richtung auf die Zeit«.[19] Das heißt,

---

[14] P. Tillich, »Die religiöse Lage der Gegenwart« (1926), in: *Main Works / Hauptwerke* (im Folgenden zitiert als MW), Bd. 5: *Writings on Religion / Religiöse Schriften*, Berlin–New York 1988, 27–98, hier 37.

[15] P. Tillich, »Philosophie und Schicksal« (1929), in: *Ausgewählte Texte* (im Folgenden zitiert als AT), hg. von Chr. Danz et al., Berlin–New York 2008, 223–236, hier 235.

[16] P. Tillich, »Kairos« (1922), in: AT, 43–62, hier 45.

[17] P. Tillich, »Gläubiger Realismus« (1927), in: AT, 173–182, hier 175.

[18] Ebd.

[19] S. Kierkegaard, *Philosophische Brocken*, in: *Søren Kierkegaards Skrifter* (im Folgenden zitiert als SKS), Bd. 4, hg. von N. J. Cappelørn et

das Werden in der Natur besteht nur in einem einfachen, räumlichen[20] Verhältnis von Möglichkeit und Wirklichkeit: Was möglich war, wird wirklich und besteht. Geschichtliches Werden dagegen ist doppelt dialektisch im bewussten Zeitverhältnis der »Gewissheit« des Vergangenen und der weiter bestehenden »Ungewissheit« seines Gewordenseins,[21] also in einem Verhältnis doppelter Kontingenz: in der (historischen) Zeit und in der (geschichtlichen) Zeitlichkeit des Daseins. Ich verstehe Tillichs Eröffnungsabschnitt von »Über die Idee einer Theologie der Kultur« (1919) ganz in diesem Sinne:

> *In den Erfahrungswissenschaften ist der Standpunkt etwas, das überwunden werden muss.* Die Wirklichkeit ist Maßstab der Richtigkeit, und die Wirklichkeit ist *eine*. Von zwei widersprechenden Standpunkten kann nur einer richtig oder beide falsch sein. Der Fortschritt der wissenschaftlichen Erfahrung entscheidet. [...]
>
> Anders in den systematischen Kulturwissenschaften: *In ihnen gehört der Standpunkt des Systematikers zur Sache selbst*, er ist ein Moment in der Entwicklungsgeschichte der Kultur, er ist eine bestimmte, konkret-historische Verwirklichung einer Kulturidee, er ist nicht nur kulturerkennend, sondern auch kulturschöpferisch.[22]

(1) Tillich gibt für die standpunkt-uninteressierte Haltung konsequent Beispiele der Natur- *und* Geschichtsforschung: Die Welt ist keine Scheibe, das ist ebenso gewiss wie die Entdeckung, dass die fünf Bücher Mose aus unterschiedlichen Quellen zusammengestellt wurden. Über die wahre Wirklichkeit entscheidet der fallibilistische Forschungsprozess, verbindlich

al., Kopenhagen 1998, 276,2f.; vgl. DERS., *Gesammelte Werke* (im Folgenden zitiert als KGW), 10. Abt., hg. von E. HIRSCH, Düsseldorf–Köln 1967, 72.

[20] Vgl. SKS 4, 278,3; KGW, 75: »Die Natur, als die Bestimmung des Raumes, ist nur unmittelbar da.«

[21] Vgl. SKS 4, 278,4 / 279; KGW, 75.

[22] P. TILLICH, »Über die Idee einer Theologie der Kultur«, in: AT, 25–42, hier 26.

in seinen jeweiligen methodisch kontrollierten Ergebnissen, wenn auch im Ganzen korrekturoffen. Was hier »Standpunkt« heißt, ist den experimentellen Wissenschaften als – subjektiv geprägte – Ausgangs- oder Rahmenbedingung geläufig, deren Bedeutung eben darin besteht, neutralisiert zu werden. Der subjektive Faktor muss gelöscht werden.

(2) Was Kierkegaard als doppelte Dialektik des geschichtlichen Verhältnisses bezeichnet hatte, ist bei Tillich der »Standpunkt«, der »zur Sache selbst« erklärt wird. An die Stelle einer tendenziell immer einheitlich bestimmbaren Wirklichkeit treten entscheidungsabhängige, Neues erschließende Sichtweisen, »Stellungen des Geistes zur Wirklichkeit«,[23] die sich gegenseitig nicht einfach ausschließen, sondern ergänzen können, so wie unterschiedliche Ästhetiken oder Konfessionen faktisch nebeneinander bestehen. Die doppelte Dialektik verlangt ein Selbstverhältnis, in dem, mit Kierkegaard gesagt, die *Ungewissheit des geschichtlichen Werdens* immer im Spiel bleibt. Das gibt der *Gewissheit* bestimmbarer Wahrheit einen kulturell-subjektiven Akzent und macht damit genau jenen Abstoßeffekt aus, mit dem sich »Normbegriffe« der Kultur, wie Tillich sagt, notwendig von den nur einfach dialektischen, d. h. als unmittelbar und empirisch erscheinenden Naturbegriffen abheben.

(3) *Abstrakt*, so Kierkegaard wie Tillich,[24] d.h. im Sinne von Allgemeinbegriffen, die gegenüber subjektiv wertenden Standpunktbildungen neutralisiert werden, ist bei doppelter Kontingenz nichts zu erreichen. Werden dennoch kulturell produktive Allgemeinbegriffe gebildet, so steckt in ihnen ein »verhüllter Normbegriff«. Mit anderen Worten: Was Empirie und Naturbegriff in ihrer Einheitlichkeit und Verallgemeine-

---

[23] Ebd.

[24] Vgl. ebd.: »Was Religion oder Kunst seien, ist auf dem Wege der Abstraktion nicht zu erfahren«.

rungsfähigkeit auszeichnet, kann und darf der kontingenzerprobten Geschichtlichkeit des menschlichen Daseins und seinen kulturellen Ausprägungen gerade nicht passieren.

(4) Der Abstoßeffekt vom bloß vereinfacht wirklichen, naturwissenschaftlichen Naturverhältnis zum doppelt dialektischen, lebensgeschichtlich interessierten Daseins- als Zeitverhältnis kann von Tillich deshalb – im selben Programmaufsatz zur Kulturtheologie von 1919 – auch so zum Ausdruck gebracht werden,[25] dass die Natur gegenüber der Kultur ganz ihre Eigenständigkeit verliert: Natur ist nicht in ihrem »An-Sich« zugänglich, sondern immer nur vermittelt über die »Geistesfunktionen« der Kultur. Deshalb soll es auch keine »Naturtheologie« geben, wohl aber eine »Kulturtheologie«, die jene in sich enthält. Das *Religiöse* an Natur und Technik ist deshalb nicht ausgeschlossen, aber es zeigt sich eben nur kulturell erfasst. Auf diese Weise soll die mythologisierte Verselbständigung einer Naturtheologie vermieden werden, soweit ist das Abwehrmotiv verständlich. Doch wie kann Tillich dann der Faszination für den modernen Naturbegriff noch entsprechen, wie er ihn immer wieder herausgestellt hatte?

Ziehen wir abschließend zu dieser ersten Grundform in der Verhältnisbestimmung von Natur und Geist noch die *Dogmatik-Vorlesung* (1925–1927) heran, so ist hier in gewissem Sinne eine Antwort auf die zuletzt gestellte Frage zumindest auf den Weg gebracht. Tillich operiert auch hier mit dem Vorrang des Geistigen zur lebendigen Erschließung des »Seiende[n] als Natürliche[n]«,[26] aber neu gegenüber der prononcierten Kulturtheologie von 1919 erscheint jetzt das Insistieren auf der schweren Vermittelbarkeit des *Anorganischen*, d.h. einer Wirklichkeit, uns allgegenwärtig in »Technik und Natur«, die

---

[25] Vgl. ebd., 37.

[26] So in der Überschrift des »Ersten Teils«, der Schöpfungslehre; vgl. EGW XIV, VII.

sich dem Geistigen nicht zu fügen scheint und darin die Rolle des Faszinierenden an der Natur übernimmt: »dieses Staub-Sein und zwar in unendlicher Übermacht des Staubes«;[27] das »untermenschlich Lebendige«,[28] das deshalb »technisch-rationalen Vergewaltigungsformen« ausgesetzt ist[29] und zugleich, verbunden mit dem Stichwort »Entropie«, »sich in Ohnmacht spannungsloser Verbreitung im Weltraum auflöst«,[30] Sinnformen also radikal unterläuft. Diese Natur stößt nicht nur ab in die kulturellen Sinnstrukturen sich vergewissernden zeitlichen Daseins, sondern sie vertritt eine nicht-integrierte Abständigkeit: Von dieser Natur sind wir »getrennt«, und »ihre Innerlichkeit« ist »uns verschlossen«.[31]

II. Natur als Differenzkriterium

1. Auf den ersten Blick erscheint die alte Vorstellung der *natura naturans*[32] hier eine schnelle Lösung zu bieten: Das gesuch-

---

[27] EGW XIV, 166. Diese widerständige Funktion des »Anorganischen« findet sich bereits in der Schelling-Arbeit von 1912 (Lizentiatendissertation: »Mystik und Schuldbewusstsein in Schellings philosophischer Entwicklung«) zur Interpretation von Kants *Kritik der Urteilskraft*: Das Anorganische verhält sich zum Organischen wie das Erhabene zum Schönen und hat darin seine »religiöse Bedeutung«; MW 1, 43 und Anm. 23. In der Schrift von 1923, *Das System der Wissenschaften nach Gegenständen und Methoden*, findet sich dann im II. Teil, »Die Seins- oder Realwissenschaften« (vgl. MW 1, 145–147), eine detaillierte Übersicht zur (mathematischen) Physik und anorganischen Chemie, ihrer »Gesetzesbildung« unter dem Aspekt der »Urgegebenheit der Materie« (MW 1, 147 f.). Zumal dieser Text belegt Tillichs aktives Interesse an den Naturwissenschaften.

[28] EGW XIV, 185.

[29] Ebd., 214.

[30] Ebd., 232.

[31] Ebd., 170.

[32] Die Begrifflichkeit geht auf arabisch-lateinische Aristoteles-Übersetzungen zurück, hat bei Spinoza ihre neuzeitlich stärkste Ausprägung

te Innere und Eigene der Natur wäre dann identisch mit dem selbstproduktiven Wissen im Menschen, ein gemeinsames Inneres garantierte den Zusammenhang als gleichursprünglich im Absoluten. Tillich hat, unter Berufung auf Schelling, diese Möglichkeit auch skizziert, z. B. in einem Schelling-Manuskript von 1910. Doch das »naturphilosophische Problem«[33] bleibt deshalb so prekär, weil immer wieder die Frage gestellt werden kann, wie wir über ein dem Wissen Fremdes überhaupt etwas wissen können; und insofern bleibt der Begriff der *natura naturata* der kritische Punkt, denn »das bloße Naturprodukt liegt jenseits der Grenze des Wissens. Wie ist es zu erklären?«[34]

Diese Problemverschärfung lässt sich auch sehr schön an einem Beispiel illustrieren, das Tillich in der *Dogmatik-Vorlesung* für den Konflikt zwischen traditionellem und modernem Offenbarungsverständnis gegeben hat. Es steht zunächst ganz im Kontext dessen, was wir den *Abstoßeffekt*, also die Einlinigkeit eines undialektischen (hier religiös gewichteten) Naturverhältnisses genannt haben, nimmt dann aber eine überraschende naturtheologische Wendung:

Etwa ein Gewitter: Nach idealistischer Auffassung hat es seine offenbarerische Kraft durch seine Erhabenheit […] – Nach supranaturaler Auffassung ist das Offenbarerische das Gewitter aus heiterem Himmel, der besondere wunderbare Akt, der aus Temperatur und Luftdruck nicht zu erklären ist. Für die echte Offenbarungsauffassung ist es weder die Naturform noch die Naturunform des Gewitters, son-

und wird im deutschen Idealismus bereits als Formel verwendet; vgl. K. Hedwig, »Natura naturans / naturata«, in: *Historisches Wörterbuch der Philosophie*, Bd. 6, Basel 1984, 504–509.

[33] P. Tillich, »Gott und das Absolute bei Schelling«, in: EGW X, 9–54, hier 14.

[34] Ebd., 15. Tillich bezieht sich hier explizit auf Schellings *Einleitung zu seinem Entwurf eines Systems der Naturphilosophie* (1799 / 1812); vgl. F. W. J. Schelling, *Historisch-kritische Ausgabe*, Reihe I, Werke 8, hg. von M. Durner / W. G. Jacobs, Stuttgart 2004, 41.

dern dass Gott im Gewitter erscheint wie dem Hiob, d. h. dass durch die Erhabenheit hindurch die Irrationalität des Transzendenten in einem Augenblick offenbar wird, auf uns zukommt.[35]

Soweit die Abhebung der geschichtlich-dialektischen Offenbarungssituation (im *Augenblick*) gegenüber den nicht mehr zureichenden einlinigen Verständnissen idealistischer Ästhetisierung oder vormoderner Wunderverlässlichkeit. Am Hiobexempel, der Gottesrede »aus dem Wettersturm« (Hiob 38),[36] kommt es unmittelbar im Anschluss zur folgenden Problemverschärfung:

> Das bedeutet nun nicht etwa, dass Hiob diese Tiefe der Gottheit in das Gewitter hineinlegt, sondern er legt aus, was in der Tat im Gewitter liegt, nämlich da, wo das Gewitter wie jede Naturerscheinung in der Tiefe wurzelt – was freilich andererseits nur erfasst werden kann, wenn man es auslegt, was also nur in der Wechselwirkung von Subjekt und Objekt da ist – dann aber auch wirklich, allerrealst.[37]

(1) Das modern-hermeneutische Missverständnis, Religiosität verdanke sich einer Zuschreibung, wird hier beim Namen genannt und als untaugliche Lösung nach Idealismus und Supranaturalismus ausgeschlossen. Denn Zuschreibungen sind möglich, aber nicht notwendig, setzen in unserem Beispiel also voraus, dass einige Menschen religiös ›virtuos‹ oder ›musikalisch‹ genug sind für ein solches »Hineinlegen« von Sinn, andere aber nicht.

(2) Die gesuchte Interpretation muss als »Auslegung« verstanden werden, als Herausarbeiten dessen, was in der »Naturerscheinung« bereits liegt; aber nicht auf der Oberfläche, wie es dem undialektischen, einfach empirischen Naturbegriff entspräche, sondern in der »Tiefe« – und diese erst garantiert

---

35 EGW XIV, 26.

36 Vgl. zur Hiob-Interpretation H. Deuser, *Religionsphilosophie*, Berlin–New York 2009, § 4.1.

37 EGW XIV, 26.

Realität (»allerrealst«), sie beschreibt das komplexere Naturverständnis, das auch die *natura naturata* (hier die Gegenständlichkeit des Gewitters) erklären können müsste.

(3) Fraglich bleibt an dieser Stelle, was unter der »Wechselwirkung von Subjekt und Objekt« zu verstehen ist, die eine bloße Zuschreibung ausschließt, eine geistige und darin reale Interpretation der Natur aber ermöglichen soll. Tillich hat im Schelling-Manuskript von 1910 jene *Tiefe* der Wirklichkeit (mit Schellings Worten) als »intellektuelle Anschauung« bzw. als »absolute Indifferenz« benannt,[38] und zur Klärung dessen lohnt ein Blick in Schellings Naturphilosophie.

2. In Schellings Einleitung zu den *Ideen zu einer Philosophie der Natur* (1797) geht es in immer neuen Anläufen um den erkenntnistheoretischen Problemknoten, dass unsere Vorstellungen von den Dingen, wie sie in und mit der Natur gegeben sind, eigentlich doch *allein* über die Seite der Vorstellung und nicht, wie es die natürliche Einstellung suggeriert, über die Gegenstandsseite selbst zugänglich sind. Der Stachel der naturphilosophischen Betrachtung liegt aber genau darin, dass die menschliche Freiheit in geistiger Aktivität sich sowohl von ihren Vorstellungen wie von deren Gegenständen unterscheiden kann. Sobald dies einmal geschehen ist, erscheint die Natur immer mehr als unerreichbares Außerhalb:

> [W]enn die Dinge *Ursachen* der Vorstellungen sind, so gehen sie den Vorstellungen *voran*. […] Wir aber wollten […] beyde wieder durch Freyheit vereinigen, wollten wissen, dass und warum zwischen beyden *ursprünglich keine* Trennung ist.[39]

---

[38] EGW X, 16.

[39] F.W.J. Schelling, *Ideen zu einer Philosophie der Natur*, in: *Historisch-kritische Ausgabe*, Reihe I, Werke 5, hg. von M. Durner, Stuttgart 1994, 73.

Diese Trennung nicht überwinden zu können wäre für die Einheit des Wissens ebenso desaströs wie die in sich widersprüchliche Annahme, »selbst nichts« zu sein als das, »was Dinge und Ursachen« aus einem gemacht haben – denn nicht einmal dies könnte dann gewusst werden.[40] Und so vielfältig die Beschreibung der »Kräfte« der Materie in den empirischen Wissenschaften auch ausfällt, auf dieser Seite bleibt es entweder bei unbegriffen »roher« Materie oder bei bildhafter Rede, hinter der sich das verbirgt, was geistig gesehen als »Realität« und »Qualität« der Materie zu deren Auffassung doch unabdingbar bleibt.[41] Soll nun diese alleinige Zugänglichkeit der Natur durch geistige Akte nicht ignoriert werden und kann auf der anderen Seite die Natur auch nicht als Produkt subjektiver Vorstellungen ausgegeben werden, so bleibt jetzt nur eine sozusagen geheime und vorrangige Übereinstimmung, die im Geist, d.h. als »Naturlehre unsers Geistes« entdeckt werden muss. Damit kann kein bestimmter Besitz, kein »Seyn«, wohl aber ein »Werden« gemeint sein:

> Die Philosophie wird *genetisch*, d.h. sie lässt die ganze nothwendige Reihe unserer Vorstellungen vor unsern Augen gleichsam entstehen und ablaufen. Von nun an ist zwischen Erfahrung und Spekulation keine Trennung mehr.[42]

Die damit erreichte Einheitssicht hat ihr großes Beispielfeld natürlich in der »organischen Natur«, für die es kein eigentli-

---

[40] Ebd., 75.

[41] Vgl. ebd., 79–81. Zu den naturwissenschaftlichen Vorstellungen zu Schellings Zeit vgl. die beiden Teile dieser Schrift selbst (*Erstes* und *Zweytes Buch*) bzw. die erläuternden Anmerkungen des Herausgebers und die Aufarbeitung im *Ergänzungsband* zu den *Werken* Bd. 5–9: *Wissenschaftshistorischer Bericht zu Schellings naturphilosophischen Schriften 1797–1800*, Stuttgart 1994, mit Beiträgen zu »Theorien der Chemie« von Manfred Durner, »Magnetismus, Elektrizität, Galvanismus« von Francesco Moiso und über »Physiologische Theorien« von Jörg Jantzen.

[42] Schelling, *Ideen*, 93.

ches Außen und keine bloße Mechanik, sondern wesentlich »Wechselwirkung« und sich selbst »organisierende« Ganzheiten in Selbstbeziehungen gibt.[43] Die für Tillich dann so einschneidende Sonderwertung des *Anorganischen*[44] hat hierin wohl ihren Ursprung, denn für das Anorganische und seine Mechanik gilt noch nicht, was erst die organische Lebendigkeit ausmacht: Sie ist sich Subjekt und Objekt, mechanisch nicht mehr zu erklären.[45] Schellings Kenntnisstand in den Naturwissenschaften geht so weit, dass er durchaus empirische Belege anführt (nach Auskunft des Herausgebers hier möglicherweise sogar eine eigene These): dass »die Lebensluft«, die der belebte Körper einatmet, »durch seine Organe zerlegt« wird, »um als elektrisches Fluidum die Nerven zu durchströmen«.[46]

Organische Natur kann jedenfalls nur geistig, d.h. in ihrer »Zweckmäßigkeit« aufgefasst werden;[47] und es ist zuletzt dieser Begriff, der Schellings Programmatik stützt, dass allein durch das Differenzkriterium der Natur sachhaltige – »reale« – Vorstellungen zu erreichen sind. Im Beispiel gesagt (das wiederum an Kierkegaards Unterscheidung der räumlichen Abstraktion von der geschichtlich-dialektischen Konkretion erinnert): Was im »Raum« verteilt ist, lässt sich durch freie Entscheidung des Denkens mathematisch in »*Eine* Zahl« zusammenfassen, die nicht aus den Dingen selbst folgt. Im Fall schon einer einzelnen Pflanze aber, in der »Alles zu Einem Zweck zusammenstimmt«, sind wir gezwungen, ihre Zweckmäßigkeit

---

[43] Ebd., 93f.

[44] Vgl. Anm. 27.

[45] SCHELLING, *Ideen*, 94f.

[46] Ebd., 94.

[47] Vgl. ebd., 95f. Vgl. zum »Selbstverhältnis« des »Organismus« D. KORSCH, »›Gott selbst ist kein System, sondern ein Leben.‹ Schellings Metaphysik des Lebens«, in: P. BAHR / S. SCHAEDE (Hg.), *Das Leben. Historisch-systematische Studien zur Geschichte eines Begriffs*, Bd. 1, Tübingen 2009, 509–524, hier 515.

als gegründet in dem »DING AUSSER« uns zu suchen. »Real« heißt: »außer« uns »wirklich«.[48] So wirkt der organisierende, ordnende Geist in der Natur – und diese wird umgekehrt so erkannt;[49] das zu denken »fühlen« wir »uns gedrungen«. *Natur*, die Differenz zur bloß gedanklichen Vorstellung, ist dann der »sichtbare Geist«, und *Geist* die »unsichtbare Natur«.

Hat Schelling damit den anfangs konstatierten Problemknoten aufgelöst – oder doch nur durchschlagen? Dass die proklamierte Einheit von Natur und Geist komplex und anspruchsvoll bleibt, zeigt sich schon daran, dass eine asymmetrische Wechselperspektive formuliert werden muss: Natürlich geht in der wissenden Präsenz der Geist voran, und ihm gilt die Natur als »sichtbarer Geist«, d.h. als Selbstverhältnis im Anderen (man denke nur an das Anorganisch-Mechanische); umgekehrt ist die Natur selbst aber nur als Geist ansprechbar, insofern sie darin »unsichtbar« ist. Das heißt, was empirisch ermittelbar ist, wird erst zweckhaft und damit geistig an dem, was nicht direkt greifbar ist, sondern was im Werden zwischen Naturdifferenz und Geist zum geistigen Ausdruck kommt. Was Schelling als »absolute Identität«[50] bezeichnet, unterliegt doch einer Dialektik von geistiger Sichtbarkeit und natürlicher Unsichtbarkeit – gelingt jedenfalls nicht ohne das Differenzkriterium der Natur.

---

48 SCHELLING, *Ideen*, 96; vgl. 98

49 Vgl. ebd., 101; vgl. im Folgenden ebd., 106f. In der *Einleitung zu seinem Entwurf eines Systems der Naturphilosophie* (1799/1812) hat Schelling diesen Einheitspunkt von Natur und Geist sehr schön (und das Evolutionsmodell vorwegnehmend) als »das Producirende der Natur« bzw. der »ideelle[n] Welt« formuliert und empirisch als belegt angesehen; vgl. SCHELLING, *Historisch-kritische Ausgabe*, Reihe I, Werke 8, hg. von M. DURNER / W.G. JACOBS, Stuttgart 2004, 29.

50 SCHELLING, *Ideen*, 107. Hier kann offenbleiben, wie dieses Konzept im Blick auf Schellings Gesamtwerk zu beurteilen ist; vgl. J. HENNIGFELD, *F.W.J. Schellings »Über das Wesen der menschlichen Freiheit«*, Darmstadt 2001, 5f.

Tillich hat auf diese Naturdialektik immer wieder verwiesen. In der Lizentiatenarbeit von 1912 gilt ihm Schellings Naturphilosophie als notwendiger Schritt, um der Abhängigkeit des Gottesgedankens vom sittlichen Bewusstsein, wie es zumal Fichtes Idealismus repräsentierte, entgegentreten zu können, ja, um so den »Gnadengedanken« wieder zu entdecken, nämlich über die »Anerkennung der lebendigen Natur«, die wieder zum »Innersten der Religion« führt.[51] In einem Vortragsmanuskript zum »Problem der Geschichte« (1912/13) wird die Aufgabe der Geschichtsphilosophie so bestimmt, dass sie die Natur gerade nicht abstrakt aus ihrem Gegenstandsbereich ausschließt, sondern »sich und die Naturphilosophie« so begreift, wie »Geist« dialektisch »Natur und Geist« umfasst;[52] und in den Fragmenten zur *Dogmatik* (1925–1927) findet sich in der »Offenbarungslehre« der Leitsatz: Die »reale Vergegenwärtigung« des »Seins-Jenseits im Sein« geschehe »weder nur im Objekt, noch nur im Subjekt, sondern in der Wechselwirkung beider«.[53] Der gesuchte *Realismus* schließt jedenfalls immer das Werden nicht nur der Geschichte, sondern »eine Geschichte der Natur« ein, für die Tillich 1928 als Indikator die »Quantentheorie« nennt; aber nicht so, als wäre damit der Realismus einfach natürlich, sondern durchaus immer wieder so, dass in der Natur etwas Unbegreifliches bleibt: »eine uns freilich völlig undurchsichtige Tendenz zur Selbstmächtigkeit, ein Zurückfallen, ein Entfremdetsein, eine Härte und Bitterkeit der Gegenständlichkeit, eine Schwermut der kreatürlichen Situation«. Dem hat sich die »Sinnerfüllung im Geist« zu stellen.[54]

---

[51] P. Tillich, »Mystik und Schuldbewusstsein in Schellings philosophischer Entwicklung« (1912), in: MW 1, 54; vgl. Anm. 27.

[52] P. Tillich, »Das Problem der Geschichte« (1912/13), in: EGW X, 85–100, hier 99.

[53] Tillich, *Dogmatik-Vorlesung*, 402 (§ 32).

[54] P. Tillich, »Natur und Sakrament« (Vorarbeiten zum Berneuche-

III. Naturalistische Motive der Pneumatologie

Tillich selbst gebraucht *Naturalismus*, wie in Deutschland üblich, kritisch und abwehrend;[55] immerhin gilt er ihm »für theologisch wahrer« als der »Idealismus«.[56] Wenn hier bewusst von »naturalistischen Motiven« gesprochen wird, so geschieht dies nach der – auch theologischen – Wiederentdeckung der Bedeutung von Naturphilosophie und Kosmologie, wie sie etwa bei Whitehead und Peirce vorliegt, also im Rahmen einer Interpretation von Tillichs Texten, die auf seine erstaunliche Sensibilität für die Integration des problematisch Natürlichen aufmerksam ist. Zwei Textfelder sollen dazu und im Blick auf eine heute vertretbare Naturphilosophie und -theologie analysiert werden: Tillichs Vortrag »Natur und Sakrament« (1930) und die Behandlung des *Anorganischen* im Rahmen der Pneumatologie der *Systematischen Theologie* (1963/66).

1. Im Blick auf das Verständnis der Sakramente ist der Naturaspekt wie ein Schlüssel zu den jahrhundertealten Kontroversen, aber auch zum Naturbegriff der Theologie generell. Tillich unterscheidet dazu einerseits drei sakramentale (die *symbolistische*, *ritualistische* und *realistische*),[57] andererseits sechs

ner Vortrag 1928; vgl. Anm. 56), in: EGW XI, 196–213, hier 199; vgl. auch die Ausführungen zum »Dämonischen« in: EGW XIV, 421.

[55] Vgl. »Kairos«, 44: »naturalistische Geschichtslosigkeit«; P. Tillich, »Die Überwindung des Religionsbegriffs in der Religionsphilosophie« (1922), in: AT, 63–80, hier 75: »Naturalismus« wie »Supranaturalismus« wollen das »Unbedingte« ausschalten; ders., »Natur und Sakrament« (1928), 198: die »naturalistische« Auffassung gibt der Welt zwar »einen sakramentalen Glanz«, aber als »Totalität«; ders., *Systematische Theologie*, Bd. 2, Stuttgart 1958, 13: der »Naturalismus« leugnet den »unendlichen Abstand zwischen Endlichkeit und Unendlichkeit«.

[56] P. Tillich, »Das Neue Sein als Zentralbegriff einer christlichen Theologie« (1955), in: AT, 345–366, hier 352.

[57] P. Tillich, »Natur und Sakrament« (1930), in: MW 6, 151–188, hier

kulturhistorisch greifbare Naturauffassungen (die *magisch-sakramentale*, *rational-gegenständliche*, *biologisch-vitale*, *okkulte*, *symbolisch-romantische* und *realistische*),[58] die beide auf den schon bekannten und auch hier im Verweis auf Schelling eingesetzten, Natur und Geist integrierenden Begriff des *Realismus* hinauslaufen. *Naturalistisch* sind hier Motivation und Ziel dieses Naturverständnisses, weil für die Theologie des Sakraments gezeigt werden soll, dass und wie die materialen Elemente nicht zufällig und äußerlich, sondern in einer *notwendigen* Verbindung[59] zum jeweiligen Sinn des Sakraments stehen; im anderen Fall wäre die sakramentale Handlung tendenziell ersetzbar und würde sich erübrigen. Dieser Naturbegriff und seine relative Autonomie hat also die Bedeutung eines konstitutiven Aufbauelements, er schließt an die bisherigen Beobachtungen zum Respekt vor dem Fremden der Natur an und bringt dessen Funktion erst richtig zum Ausdruck.

(1) Die Natur ist jetzt nicht primär in ihrem Abstoßeffekt präsent, obwohl der naturwissenschaftliche Sinn der Natur gilt und vorausgesetzt wird: in der distanziert-wissenden Haltung gegenüber der »magischen« oder »okkulten« Naturauffassung, in der kritisch-verstehenden Sicht der »rationalen« und schließlich in der integrativen Suche nach der »realistischen« Natur.

(2) Was das Natürliche der Naturelemente ist, erschließt sich wiederum durch ein komplexes Verhältnis zum Geisti-

153–155 (zuerst am Beispiel der Taufe, dann – komplizierter angelegt – am Beispiel des Abendmahls); vgl. zur detaillierten Rekonstruktion M. Vetter, *Zeichen deuten auf Gott. Der zeichentheoretische Beitrag von Charles S. Peirce zur Theologie der Sakramente*, Marburg 1999, § 11.

[58] Vgl. Tillich, »Natur und Sakrament« (1930), 159–162; eine dritte Unterscheidung ist die in *formal*, *material* und *theologisch*, ebd., 158 f.

[59] Vgl. ebd., 154 (zur »Verbindung« von »Wasser und Taufe«); ebd., 156 (zur »Naturmächtigkeit« des Leibes im Abendmahl); summarisch ebd., 158.

gen: Was die moderne Vergegenständlichung der naturwissenschaftlichen Natur »nie ganz abstreifen« kann, wie Tillich sehr schön sagt, das sind die »Qualitäten der Dinge« oder deren »Mächtigkeit«[60] – und diese müsste sich offenbar auch an den Naturdingen selbst zeigen lassen. Hier werden als Beispiel die »Atome« angeführt, die »Urgegebenes« an sich haben und darin ihre »Selbstmächtigkeit«; das gilt sogar für die »Technik«.[61]

(3) Fraglich bleibt dann natürlich, wie diese vorgängige Qualität sich darstellt. Nicht einfach als »Zeichen«, wie Tillich gemäß seinem Zeichen- und Symbolbegriff festhält,[62] denn dann wäre das *Wort* der sakramentalen Handlung ein bloßer Bezeichnungsakt, ein »leeres Zeichen«, das als materialer »Träger« seines »Sinngehaltes« nicht brauchbar wäre. Das Wort in seiner lauthaften, körperlichen, naturgegebenen Qualität ist aber dem Sakrament durchaus gewachsen,[63] realistisch-naturhaft sind also beide, Wort und Element, im sakramentalen Vollzug. Das Dinghafte, Sachliche ist zugleich die *Mächtigkeit*, um die sich alles dreht.[64]

(4) Das im Zusammenhang der Schelling-Rezeption entwickelte komplexe Wechselverhältnis von Natürlichem und Geistigem wiederholt sich auch hier: Die Mächtigkeit von Wort und Element, dazu hatte Tillich die anderen Naturauffassungen ausgrenzend angeführt, ist weder »empirisch« direkt noch geistig-»okkult« zu haben, sondern allein in der »Tiefe unseres eigenen ungespaltenen, vorgegenständlichen Seins«.[65]

---

[60] Ebd., 159; vgl. 154.
[61] Ebd., 159 f.
[62] Vgl. DEUSER, »Gottes Poesie«, 617–619.
[63] TILLICH, »Natur und Sakrament« (1930), 157.
[64] Vgl. ebd., 161.
[65] Ebd., 161 f.

> Erreichbar ist die Sachmächtigkeit nur in derjenigen Schicht des Seins, die vor der Spaltung in Gegenständlichkeit und Geistigkeit liegt [...]. In ihm haben wir einen Zugang zu der entsprechenden Schicht der Naturdinge. Ein solcher Realismus der Naturauffassung wäre die angemessene Grundlage [...]. Nur sofern die Natur Beziehung zur Geschichte gewinnen kann, kann sie mit der ihr eigenen Mächtigkeit eingehen in das Sakrament [...]. Es gibt eine Geschichte der Atome und eine Geschichte der Gestirne, es gibt makro- und mikrokosmisches Werden, das nicht die Form eines Kreises hat, das vorwärts drängt.[66]

(5) Wir diskutieren jetzt nicht die hier vorausgesetzte Ontologie[67] (»Schicht des Seins«), sondern allein das deutlich in diesem Zitat hervortretende naturalistische Motiv, ein geistiges Verhältnis zu stiften unter der Bedingung, dass Natur – wie Geschichte – durch ein qualitatives Werden fundamental, d.h. vor der Differenz von subjektivem Bewusstsein und objektiver Dingwelt, charakterisiert und darstellbar ist. *Historisch-realistisch* nennt Tillich diese Naturauffassung zuletzt,[68] und sie dementiert eigentlich die oben an Kierkegaard illustrierte Trennung von naturwissenschaftlicher Einfachheit im Vergleich zur geschichtlichen Dialektik des menschlichen Selbst. Die Natur und Geist gemeinsame präbewusstseinstheoretische Nicht-Spaltung entobjektiviert die Natur und entsubjektiviert den Geist. Der hier anvisierte Ort ist, in Tillichs Sprache, zugleich »das Seins-Jenseitige« und doch »in einem Seienden gegenwärtig«.[69] Das betrifft nicht nur den Sakramentsbegriff, sondern die Möglichkeit von religiöser Erfahrung bzw. theologischer Erkenntnis ganz generell. Das Differenzkriterium des Anderen der Natur ist dialektisch bereits vor seiner Unterscheidung dem geistigen Verhältnis immanent – und insofern

---

66 Ebd., 162.

67 Vgl. dazu Deuser, »Gottes Poesie«, 609–611, 615f.

68 Tillich, »Natur und Sakrament« (1930), 162f.

69 Ebd., 167.

unentbehrlich für alles vollständige anthropologische wie kosmologische Verstehen unserer Erfahrungswelt. Die Natur ist, geistig gesehen, naturalistisch zu interpretieren.

2. Der Anstoß des *Anorganisch-Natürlichen* war bereits in der *Dogmatik-Vorlesung* durchgängig zu beobachten,[70] doch erst der IV. Teil der *Systematischen Theologie*, die Pneumatologie, gibt ihm einen – immer noch geheimnisumwitterten – systematischen Ort. Tillich hat zur Anordnung seiner Ontologie die Seinshierarchien der metaphysischen Tradition verabschiedet und sie in existentiell-ontologischem Interesse ersetzt durch die phänomenologisch aufweisbaren *Dimensionen des Lebens* (wie z. B. die organische) und vier allgemeingültige *Kategorien*: Zeit, Raum, Kausalität und Substanz.[71] In jeder Dimension kommt es zu eigenständigen Konstellationen und Gewichtungen dieser Kategorien, und die erste Dimension des *Anorganischen* ist deshalb so fundamental, weil es ohne sie gar kein Leben geben würde. Umso drängender ist die Frage, wie dieser Naturvorrang seiner geistigen Vermittlung zugänglich ist. Dass darin aber überhaupt eine alles entscheidende Frage gesehen werden muss – genau das ist das naturalistische Motiv dieser Pneumatologie des Lebens:

[D]ie religiöse Bedeutung des Anorganischen ist unermesslich, obwohl die Theologie es bisher noch kaum beachtet hat. […] Eine »Theologie des Anorganischen« fehlt bis zum heutigen Tage. Nach dem Prinzip der vieldimensionalen Einheit des Lebens muss das Anorganische in die vorliegende Betrachtung der Lebensprozesse und ihre Zweideutigkeiten mit einbezogen werden. […] Naturwissenschaftlich betrachtet ist Materie dasjenige, was den anorganischen Prozessen zugrunde liegt. Wenn jedoch das Ganze der Wirklichkeit

---

[70] Vgl. Anm. 27–29.

[71] P. Tillich, *Systematische Theologie*, Bd. 3 (im Folgenden zitiert als ST III), Stuttgart 1966, 28–30; vgl. zu diesen Ableitungen Deuser, »Gottes Poesie«, 609–611.

auf anorganische Prozesse reduziert wird, so ist das Ergebnis eine nicht-wissenschaftliche ontologische Theorie, Materialismus oder reduktionistischer Naturalismus genannt […] dass die Materie, die wir unter der Dimension des Anorganischen antreffen, die einzige Art von Materie sei.[72]

(1) Geistiges Leben ist nicht ohne materielle Basisfunktionen. Diese Fremdheit der Natur muss – um der »Einheit des Lebens« willen – in einer tieferen Gemeinsamkeit gründen. Mit Schelling hatte Tillich dieses Differenzkriterium der absoluten Identität als komplexe Integration von Natur und Geist darstellen können; doch dieser Gedanke legt sich heute, naturwissenschaftlich gebildet, wie von selbst nahe: Wenn unsere existentielle Lebenserfahrung nicht zerfallen soll, bedarf sie – längst vorgegeben – einer Integration der *natürlichen* Gegenläufigkeiten derselben Erfahrung. Gilt aber dies, so gehört das Anorganische, wenn auch als eigene Dimension, eben doch in die allgemeine Kategorialität des Geistes.

(2) Diese Naturauffassung ist dann mit Recht als *naturalistisch* auszuzeichnen – im Vergleich mit Tillichs Sprachgebrauch[73] also gerade kein Materialismus, sondern ein dezidiert *nicht-reduktionistischer* Naturalismus. Ihm liegt einmal die Überzeugung zugrunde, dass aus empirischen Daten der modernen Einzelwissenschaften nicht unmittelbar eine allgemeine Ontologie abgeleitet werden kann, die den Phänomenen des Lebens gerecht würde; und dann und deshalb die Behauptung, die physikalische Materie, also das Anorganische, sei nicht der einzige und vollständige Begriff von *Materie*! Tillich stellt also gerade nicht *Materie* ausschließend gegen *Geist*, sondern setzt, wie von Schelling gelernt, die lebendige Einheit von Materie und Geist ontologisch früher an als deren wissenschaftliche Unterscheidung in verschiedene Dimensionen.

---

72 ST III, 29 f.

73 Vgl. Anm. 54 f.

(3) Das ist nun nicht so zu verstehen, als müsse ein äquivoker Materiebegriff unterstellt werden; im Gegenteil: In der Dimension des *Organischen* anerkennt Tillich nicht nur ausdrücklich die »Evolutionstheorie«,[74] sondern er folgert daraus die »potentielle«[75] Gegenwärtigkeit des Organischen im Anorganischen. Was das empirisch gesehen heißen mag, haben die Einzelwissenschaften, wenn möglich, zu klären. Aus heutiger Sicht wird man diese *Übergänge* im evolutionären Prozess – mit Tillich gesagt: zwischen den Dimensionen – am besten als *Emergenz* bezeichnen, d.h. als Phänomene des Neuen, die nicht vollständig aus vorausgehenden Bedingungen folgen bzw. erklärt werden können.[76] So kann Tillich z.B. das Phänomen der personalen »Zentriertheit« durchaus für den »Bereich« des Anorganischen reklamieren, für »Atom«, »Molekül« und »Kristall«;[77] mehr noch, in der Natur ist nichts nur »quantitativ«: »Kein Ding, das in der Natur vorkommt, ist bloßes Ding, wenn Ding hier etwas bedeutet, das *all*seitig bedingt ist, d.h. ein bloßes Objekt, ohne irgendeine Art von ›Sein an sich‹ oder Zentriertheit.«[78]

(4) Tillich spricht im Anschluss an Hegel vom »Umschlag« der Quantität in Qualität[79] – auch dies kann als Versuch verstanden werden, *Emergenz* zum Ausdruck zu bringen. Im Rahmen der genannten Kategorien sind dann z.B. unter modernen raum-zeitlichen Bedingungen Zusammenhang und Unterscheidung kausaler Zeitfolgen und Raumpunkte zu beachten. Der Integrationsfähigkeit existentieller Zeiterfahrung gelingt etwas, was in der physikalischen Raumzeit nur quan-

---

[74] ST III, 31.

[75] ST III, 32.

[76] Vgl. in diesem Band Essay 1 (dort unter Berufung auf Philip Clayton).

[77] ST III, 46.

[78] ST III, 47.

[79] ST III, 30; vgl. im Folgenden ST III, 361, 364, 367.

tifiziert beschreibbar ist, aber beides kann doch in einem Prozesskontinuum gesehen werden. Insofern kommt auch wieder Kierkegaards Unterscheidung der natürlich-einfachen Zeitauffassung von der Dialektik der Geschichtlichkeit zur Geltung, nur jetzt so, dass sie selbst als Entwicklungsprozess im evolutionistischen Sinn verstanden werden müsste. Was uns am Anorganischen als fremd zunächst abstößt, ist nur die entwicklungslogisch frühere Form der Einheit von Geist und Natur (eben in der Dimension des Anorganischen), dem Leben im Ganzen aber vorrangig zugehörig.

Es konnte gezeigt werden, wie Tillichs Theologie durchgängig versucht, die Naturauffassung der Naturwissenschaften kritisch und produktiv in die Bestimmungen des Geistes einzubeziehen – und das zu einer Zeit, in der in diesem Feld auf beiden Seiten in der Regel geeignete Begrifflichkeiten, gemeinsame Methoden und nicht zuletzt auch das Interesse fehlten. Eine »Theologie des Anorganischen« zu fordern zeugt von Mut, Einsicht in die verfahrene Situation des öffentlichen Gesprächs der Wissenschaften und Sensibilität für das problematische Ansehen von Religion und Theologie im 20. Jahrhundert.

Bezweifelt werden kann allerdings, wieweit Tillich in diesem Feld mehr gelingt, als zu fordern, hinzuweisen und verlorene Selbstverständlichkeiten einer Schöpfungstheologie in Erinnerung zu rufen – zumal er letztlich doch als höchste »Kategorie« das »Sein« dem »Werden« vorzieht.[80] Die Tillich-Rezeption der letzten fünfzig Jahre zeigt zudem, wie selten dieser Aspekt des Naturbegriffs überhaupt nur aufgefallen ist. Die naturalistischen Motive waren, theologisch gesehen, eher verschüttet, obwohl sie, vermittelt über Schellings Naturphilosophie, am Tage lagen. Aus einem philosophiehistorischen Hinweis muss heute eine aktuelle Bemühung um

[80] ST III, 36.

eine wissenschaftlich fundierte Schöpfungslehre werden. Die Religionen und Religiosität sind ohne Kosmologien gar nicht denkbar;[81] dass das in der naturwissenschaftlichen Moderne anders zu sein schien, ist inzwischen als Fehleinschätzung des wissenschaftsgläubigen Zeitgeistes enttarnt worden. Der neue Sprachgebrauch, einen nicht-reduktionistischen Naturalismus anzunehmen, soll diese Wende anzeigen – Tillich hatte sie bereits sehr konkret vor Augen.

[81] Vgl. DEUSER, *Religionsphilosophie*, insb. die Teile III und V.

7

Pragmatische oder pragmatizistische Religionsphilosophie?

I. Glaube und Handeln

Der klassische Pragmatismus, begründet von den naturwissenschaftlich ausgebildeten Philosophen Neuenglands, Charles S. Peirce und William James, ist als Theorie des Handelns immer auch Religionsphilosophie. Menschliche Erfahrung wird dabei nicht nach Lebenspraxis einerseits und wissenschaftlicher Empirie andererseits getrennt (wie in der deutschen Tradition üblich); vielmehr erklärt gerade das Zusammenspiel von *Glaube* im Bezug auf *Handeln* unser alltägliches Verhalten ebenso wie die wissenschaftliche Methode und religiöse Erfahrung. Letztere bildet geschichtlich gesehen zwar unterschiedliche Vorstellungen von Gott aus – und das kann auch nicht anders sein. Die religiösen Bilder, Geschichten und Symbole aber sind vergleichbar. Deshalb kann, bei Wahrung des jeweils eigenen unbedingten Glaubens, der andere (religiöse) Glaube (selbst-) kritisch anerkannt werden: »An ihren Früchten also werdet ihr sie erkennen« (Mt 7,20).

II. Glaube und Wissen

Der Grundgedanke des philosophischen Pragmatismus beruht auf einer ganz einfachen Beobachtung: Das Verhalten (»habit«) der Menschen, genauer: ihre »Verhaltensgewohnheiten« bestimmen sich in einem polaren Feld zwischen dem

»Gefühl des Überzeugtseins« (»feeling of believing«) und den zugehörigen »Handlungen«. Was diese geradezu natürliche Urteilsfähigkeit stört und zur erneuten Stabilisierung herausfordert, ist der »Zweifel« (»doubt«), d.h. die unangenehme Zwischenbestimmung, die aus gegebenem Anlass die Verhaltensgewohnheit unterbricht. Während *beliefs* konstruktiv auf mögliche Handlungen bezogen sind, ist der Zweifel wie eine Rückkoppelung destruktiv auf einen (z.B. durch irritierende Handlungsfolgen) problematisch gewordenen *belief* gerichtet. Diese Spannung wieder zu lösen initiiert den Prozess der »Forschung«, wissenschaftlich gesprochen; in der Alltagswelt kommt es analog zur Krise, Bearbeitung und Ersetzung bisheriger Lebenseinstellungen, Welt- und Menschenbilder etc. durch neue, die in der jetzt gegebenen Situation standhalten.[1]

Diese ganz und gar *praktische* Sicht der Dinge, das ist ausdrücklich festzuhalten, gehört in den Kontext der Frage nach der Logik der Wissenschaften, genauer: der Naturwissenschaften. Gerade hier aber muss um der Methode der Wissenschaften willen vom Zusammenspiel von *belief* und Handlung, Zweifel und Forschung gesprochen werden, denn:

- Die Wahrheitssuche der Wissenschaften zielt auf nichts anderes als eben auf die »Festlegung einer Überzeugung«, ja, diese ist im Ernst nichts anderes als die bestmöglich überprüfte *Wahrheit* – mehr hat keine Wissenschaft zu bieten.
- Das setzt allerdings voraus, dass die Rolle des *Zweifels* nicht

[1] Vgl. C.S. Peirce, »The Fixation of Belief«, in: *The Essential Peirce*, Bd. 1, hg. von N. Houser / C. Kloesel, Bloomington 1992 (im Folgenden zitiert als EP1), 109–123; deutsch unter dem Titel »Die Festlegung einer Überzeugung«, in: *Schriften zum Pragmatismus und Pragmatizismus*, hg. von K.-O. Apel, 2. Aufl., Frankfurt am Main 1976 (im Folgenden zitiert als SPP), 149–181, hier jeweils die Abschnitte III und IV. Die amerikanische Ausgabe ediert die Erstfassung, die deutsche Ausgabe spätere Bearbeitungen des Textes; vgl. hier EP1, 114, Anm. 16 (anstelle von »Forschung« [»inquiry«] stand ursprünglich »action«).

> falsch eingeschätzt wird: Er kann nämlich nur wahrheitswirksam und *belief*-bestimmend sein, wenn es sich nicht um künstliche, bloß theoretische (Descartes'sche) Fraglichkeiten handelt, sondern um »real and living doubt«.[2] Dafür stehen nicht nur die naturwissenschaftlich-experimentellen, sondern auch die existentiellen Beispiele, und es geht jeweils um den Vorrang von realer Erfahrung vor der – neuen – Überzeugungs- und Verhaltensbildung.

Revolutionär ist diese pragmatische Forschungslogik deshalb, weil sie zugleich Letztbegründungen in der philosophischen Tradition des Rationalismus und den zwanghaften Rückgang auf »erste Sinnesempfindungen« (»first sensations«) überflüssig macht. Beides ist unerreichbar und bliebe immer fiktiv, gemessen an dem, womit menschliche Erfahrung und wissenschaftliche Methode allein beginnen können und müssen: mit Sätzen ohne »actual doubt«,[3] d.h. solchen, in denen Wahrheit und *belief* unvermeidlich zusammenfallen – nach bestem Wissen und Gewissen.

Dass im Rahmen der Logik der Wissenschaften überhaupt so gesprochen werden kann, liegt daran, dass mit *real doubt* und *belief* Lebensphänomene einbezogen werden, die nicht nur wissenschaftsmethodisch von Belang sind. Anders gesagt: Der Pragmatismus hebt – bei weiter gültiger Orientierung an den Naturwissenschaften – die strikte Trennung zwischen Wissenschaft und Leben, Glauben und Wissen von beiden Seiten her auf. Ohne *Glaube* keine Wissenschaft, und ohne *Zweifel* keinen Glauben! Die Nähe zum religiösen Glauben ergibt sich dann von allein, obwohl sie, das wissen die Klassiker des Pragmatismus ganz genau, heute einer eigenen Begründung bedarf. Terminologisch kann diese Vorsicht so zur Geltung

---

2 EP1, 115; SPP, 158.

3 Ebd.

kommen, dass im allgemeinen wissenschaftlichen und alltagsweltlichen Sinn von Überzeugungsbildung oder *belief* gesprochen wird, im religiösen Sinn von *faith*. Jedenfalls ist klar, dass es die wissenschaftliche Methode ist, die zur produktiven Thematisierung auch des religiösen Glaubens Anlass gibt.

Das ist nun entschieden anders, blickt man auf die deutsche Wissenschaftsphilosophie seit Immanuel Kants berühmten *Kritiken*, die bei allen subtilen Beschreibungen auch des Glaubens diesen doch vom wissenschaftlich objektiven Wissen als bloß subjektiv vertrauenswürdig fernhalten wollen. Überhaupt erst zum Ende der *Kritik der reinen Vernunft*[4] findet sich der Abschnitt, worin mit schnellem Griff in der Matrix von »subjektiv« / »objektiv« dann »Meinen, Glauben und Wissen« hierarchisch abgestuft werden: Meinen – doppelt defizitär, Wissen – doppelt verlässlich, Glauben – in der Mitte! Das setzt allerdings voraus, dass zwischen »subjektiv« und »objektiv« ebenso eindeutig wie zwischen unwissenschaftlich bzw. wissenschaftlich unterschieden werden kann. Immerhin, Kant weiß, dass in der praktischen Philosophie der (moralische) Glaube wieder zuzulassen ist, und vor allem, dass in Handlungssituationen (z. B. der akut notwendigen ärztlichen Diagnose) besseres Wissen gar nicht abgewartet werden kann und der Vorrang dem von Kant so genannten »pragmatischen Glauben« gehört.[5] Mit anderen Worten: Die wissenschaftslogische Einsicht des Pragmatismus besteht Ende des 19. Jahrhunderts und im methodischen Gegenüber zur Transzendentalphilosophie darin, dass die *pragmatische* Orientierung an der Handlungssituation auch für die theoretische Philosophie und für die Naturwissenschaften fundamental ist und nicht mehr nur auf die Praxissituation selbst verschoben werden kann.

---

[4] I. Kant, *Kritik der reinen Vernunft* (^{2}1787), »Transzendentale Methodenlehre«, 2. Hauptstück, 3. Abschnitt, B 850.

[5] Ebd., B 852.

III. Überzeugungsbildung

Der Vorteil dieser neuen einheitlichen, pragmatischen Wissenstheorie, die auf der unauflöslichen Zuordnung von *belief*, Zweifel und Handlungsorientierung beruht, lässt sich am besten im Umkehrschluss an ihrer empirisch realen Kommunikations- und Korrekturfähigkeit illustrieren, wie Peirce es im selben Aufsatz in vier zugleich wissenschaftstheoretischen wie geschichtlich-alltagsweltlichen Beispielschritten getan hat.

(1) Historisch am frühesten und in der wissenschaftlichen Sozialisation noch gar nicht entwickelt ist die »Methode der Beharrlichkeit« (»method of tenacity«), die stur die eigenen *beliefs* allen gegenteiligen Informationen zum Trotz aufrechterhalten will und mögliche Einsprüche durch Ignoranz abwehrt.[6] Beispiele aus der Religionsgeschichte liegen nahe, um diese verkrampfte Ängstlichkeit lebendig werden zu lassen, jedenfalls ist auf diesem Wege eine selbstkritische Wissenschaftseinstellung nicht erreichbar. Ein gewisser Reiz ist aber selbst dieser Haltung nicht abzusprechen: »Es ist unmöglich, den nicht zu beneiden, der seine Vernunft beiseite stellen kann, obwohl wir wissen, wie es schließlich enden wird.“[7] Was spricht dann gegen diese Methode, Glauben abgeschirmt vom Zweifel auf Handlung zu beziehen? Bezeichnenderweise wird hier gar nicht der Versuch unternommen, durch Hinweise auf Fakten oder durch rationale Argumente zu einer differenzierteren Position zu gelangen; wirksame Einsicht verdankt sich vielmehr allein dem »Trieb zur Gemeinschaft« (»social impulse«),[8] d.h. der soziale, zwischenmenschliche Vergleich wird unvermeidlich auftreten, instinktiv gesucht und hat eine

[6] Vgl. EP1, 116f.; SPP, 160f.

[7] EP1, 122: »It is impossible not to envy the man who can dismiss reason, although we know how it must turn out at last.« SPP, 170.

[8] EP1, 116; SPP, 161.

Überzeugungskraft auf der Gefühlsebene, der letztlich auch die gewollte Ignoranz nicht entgehen kann. Die soziale Realität widerlegt die subjektiv gefesselte Unvernunft.

(2) Das »soziale Gefühl« (»social feeling«) ist auch der tragfähige Einwand gegen die zweite Stufe von Unwissenschaftlichkeit, die staatlich, gesellschaftlich und religionsgeschichtlich als »Methode der Autorität« (»method of authority«) beschrieben werden kann.[9] Zwar haben vergangene Hochkulturen und die Kirche im Mittelalter Formen von Wissenschaft ermöglicht, aber immer unter der Bedingung einer hierarchischen Organisiertheit von obersten *beliefs*, die einerseits als stabilisierend, andererseits als unbegriffen und bevormundend empfunden werden mussten. In der Gemeinschaft aller Menschen aber kommt auch das strengste Glaubensbekenntnis in Vergleichung – und damit in kritische Relativierung, der die Methode der Autorität auf Dauer nicht gewachsen sein kann.

(3) Mit der »*Apriori*-Methode« (»*a priori* method«)[10] ist an dritter Stelle die eigentlich wissenschaftliche, neuzeitlich-moderne Einstellung erreicht. Sie macht als rationale Methode den Versuch, auf höherer Ebene und in letzter Instanz entscheiden zu können, welche *Belief*-Zweifel-Handlungszusammenhänge richtig und welche falsch sind, d. h. sie will wissenschaftlich eindeutig machen, »welcher Satz es ist, von dem man überzeugt sein soll«.[11] Doch genau dies muss misslingen, weil wiederum, auf die Dauer gesehen, die versteckt autoritäre (im Sinne des vorangegangenen Schrittes) Unsachgemäßheit einer solchen theoretischen Letztinstanz durch »realen Zweifel« (»real doubt«) enttarnt werden wird.[12] Es ist bezeichnenderweise ein sozialethisch-religiöses Beispiel, also wiederum

---

[9] EP1, 117 f.; SPP, 162 f.

[10] EP1, 119 f.; SPP, 165 f.

[11] EP1, 118: »what proposition it is which is to be believed«. SPP, 164.

[12] Vgl. hier und im Folgenden EP1, 119 f.; SPP, 165 f.

eines der menschheitlichen Sozialität, an dem dieser Zweifel zuletzt illustriert wird: Wenn in zwei unterschiedlichen Kulturen, etwa zwischen Hinduismus und Christentum, z. B. die Anerkennung von Frauen kontrovers ist, dann wird erkennbar, dass zufällige Bedingungen, bestimmte »Gefühle« (»sentiments«) für Überzeugungsbildungen ausschlaggebend sind. Zwischen der Dominanz solcher Gefühle kann a priori keine Präferenzentscheidung getroffen werden – doch der Zweifel ist erwacht.

(4) Die gesamte Problematik derart beständiger *beliefs* löst sich erst dann, wenn deren Korrekturfähigkeit auf die *Realität* (»real things«) bezogen wird, über die letztendlich alle – in aller »Öffentlichkeit« (»truth as something public«) – zur selben Überzeugung kommen werden. Bis dahin aber ist die Anerkennung von *beliefs*, zufälligen Bedingungen, Bindungen an Sozialität (»social impulse«) der zugleich unvermeidliche wie einzig verheißungsvolle Weg zur nicht fehlerhaft restriktiven, aber immer falliblen Wahrheitsfindung, die die »Methode der Wissenschaft« (»method of science«) garantiert.[13] Dass und wie diese Methode den modernen Naturwissenschaften entspricht, kann hier vorausgesetzt werden, interessant ist, dass auch diese einbezogen sind in eine Wahrheitsfindung, die auf ihrem Weg die erschließende Kraft von *beliefs* immer brauchen wird. Überzeugungs- und Hypothesenbildung im Blick auf die gemeinsame Realität und Handlungskontrolle müssen deshalb eine Haltung der »Redlichkeit« (»integrity of belief«)[14] implizieren, um der Methode der Wissenschaft wirklich entsprechen zu können. Dies erst führt zur vollen Einsicht in pragmatisches Denken: Wahrheitsfindung braucht ebenso Wahrhaftigkeit wie empirische Kontrolle, beides zusammen ergibt – im Blick auf die immer korrespondierenden Hand-

[13] Vgl. EP1, 120; SPP, 166.

[14] EP1, 123; SPP, 171.

lungszusammenhänge – die Entdeckung und Teilhabe an der Realität. Anders gesagt: Beides erschließt die »Bedeutung« unserer »Begriffe«.

IV. Pragmatische Maxime

Die letzten Formulierungen stammen aus der sogenannten *pragmatischen Maxime*, wie sie Peirce zuerst 1878 propagiert hat:

> Überlege, welche Wirkungen, die denkbarer Weise praktische Relevanz haben könnten, wir dem Gegenstand unseres Begriffs in unserer Vorstellung zuschreiben. Dann ist unser Begriff dieser Wirkungen das Ganze unseres Begriffes des Gegenstandes.[15]

In unserem Zusammenhang muss jetzt nicht die Frage des ›praktizistischen‹ Missverständnisses diskutiert werden, als wäre die Begriffsbedeutung identisch mit vollzogener, praktizierter Wirkung, so dass es einen Allgemeinbegriff von Realität gar nicht gäbe. Umgekehrt, auf diese von unserem Denken und Handeln unabhängige *Realität* kommt alles an, sie ist das Kriterium für wahre Bedeutungen, und diese wiederum kommen in *beliefs* zum Ausdruck.[16] Überzeugungsbildung also hat wesentlichen Anteil an der Entdeckung, Überprüfung und

---

[15] Vgl. C. S. PEIRCE, »How to Make Our Ideas Clear«, in: *The Essential Peirce*, Bd. 1, 124–141, hier 132: »Consider what effects, which might conceivably have practical bearings, we conceive the object of our conception to have. Then, our conception of these effects is the whole of our conception of the object.« Deutsch unter dem Titel »Wie unsere Ideen zu klären sind«, in: *Schriften zum Pragmatismus und Pragmatizismus*, 182–214, hier 195. Die deutsche Ausgabe verweist in den Anmerkungen auf die späteren – *pragmatizistischen* – Modifikationen der Maxime; vgl. H. DEUSER, *Gottesinstinkt. Semiotische Religionstheorie und Pragmatismus*, Tübingen 2004, 32–37.

[16] Vgl. EP1, 137; SPP, 202.

Bestimmung von Realität, und sie ist es, die für Peirce dann explizit seit den 1890er Jahren als der universale und evolutionistisch zu denkende Weltprozess vorgestellt wird, an dem unser Wissen und Glauben beteiligt sind.[17]

James hat 1896 in *The Will to Believe* die ganz entsprechende Beobachtung auf die Unabdingbarkeit des Glaubens im Sinne einer »unumgänglichen, lebendigen und bedeutungsvollen« (»forced, living, and momentous«) wissenschaftlichen Hypothesenbildung konzentriert, und er hat dann 1901/02 in den *Gifford Lectures* (»Die Vielfalt religiöser Erfahrung«) dieses Eigenrecht des explizit religiösen Glaubens religionspsychologisch am geschichtlichen Material vorgeführt und philosophisch-pragmatistisch, d.h. im Blick auf die praktischen Wirkungen in der Lebensführung kritisch diskutiert.[18]

Peirce' Spätphilosophie des *Pragmatizismus* dagegen verteidigt den religiösen Glauben gar nicht erst gegenüber dem empirischen Wissen, sondern zeichnet souverän die Common-Sense-Selbstverständlichkeit des Schöpfungsglaubens nach, wie er für die Erschließung des Werdenscharakters der universalen Prozess-Realität einfach unvermeidlich ist. Dann geht es nicht mehr nur um die bloße (religionswissenschaftliche) Beschreibung und *pragmatistische* Auslegung der faktischen Wirkungen des religiösen Glaubens (z.B. im messbaren Erfolg für die Lebensführung), sondern um die weit anspruchsvollere Selbstanwendung des Wissens über *beliefs* auf den wissen-

---

[17] Vgl. die Beiträge in: *The* Monist *Metaphysical Series* (1890–1893), in: EP1, Nr. 21–25; SPP, 2. Teil, Nr. I.1–3.

[18] Vgl. zur kritischen Diskussion von James' Position H. Deuser, »William James. Pragmatism and Religion. Die achte Vorlesung über Pragmatismus von 1906«, in: *Was ist Wahrheit anderes als ein Leben für eine Idee? Kierkegaards Existenzdenken und die Inspiration des Pragmatismus. Gesammelte Aufsätze zur Theologie und Religionsphilosophie*, hg. von N.J. Cappelørn / M. Kleinert, Berlin–New York 2011, 498–522, hier insb. 516–522.

den, im Alltag handelnden und religiös orientierten Menschen selbst. Das ist nicht nur eine existentielle Angelegenheit, die als solche ja jedem und jeder Einzelnen überlassen bleiben könnte, sondern eine Verpflichtung, die Welt so zu denken, wie sie, dem aufweisbaren Zusammenhang von (religiösem) Glauben und Handeln entsprechend, offenbar gebaut sein muss. Der *Pragmatizismus* impliziert also die *Metaphysik der Evolution* ebenso wie das *Gottesargument* (1908).

V. Pragmatizismus

Peirce hat in seiner Spätphilosophie immer wieder versucht, die auf ihn selbst zurückgehende, inzwischen von anderen aber variantenreich genutzte Schulbezeichnung »Pragmatismus« auch für sich zu reklamieren, und das ohne die Eigenständigkeit seiner Philosophie preisgeben zu müssen. So erzählt er gern die Entstehungsgeschichte dieses Begriffs im nachträglich legendären *Metaphysical Club* in Cambridge, insistiert aber kompromisslos auf den markanten Differenzen zu den anderen Protagonisten – auch gegenüber seinem Freund William James – und führt für sich selbst deshalb den Sonderbegriff »Pragmatizismus« ein. Das Beispiel eines Manuskriptes von 1907, das in mehreren Anläufen diese neue Begriffsbestimmung realisieren will,[19] macht schnell klar, warum Peirce' Sicht der Dinge so entscheidend anders liegt: Pragmatismus wird zwar weiterhin als »Methode« zur Begriffsklärung aufgefasst, dies aber nicht ohne Berücksichtigung von Relationenlogik, Kategorienlehre, Semiotik und dem, was Peirce bei

[19] Es handelt sich um MS 318, in Auszügen gedruckt in: *The Essential Peirce*, Bd. 2, 398–433; deutsch in Auszügen nach Vorlage der *Collected Papers* in: *Schriften zum Pragmatismus und Pragmatizismus*, 498–538. Zur Geschichte des *Metaphysical Club* vgl. L. Menand, *The Metaphysical Club. A Story of Ideas in America*, New York 2001, Kap. 9.

aller Kritik der traditionellen Metaphysik[20] als neue, von Naturwissenschaften und Mathematik geprägte Metaphysik ins Spiel bringt. Nur dann lässt sich ohne Praxis-Kurzschluss der wirkliche Zusammenhang von *belief* und – in Verhalten und Handeln verankerter – Begriffsbedeutung klären: Wie gelangen wir vom einen zum anderen? Was ist ein Begriff, was eine Bedeutung, und worin besteht die Überzeugung?

1. Das erste Merkmal des Pragmatizismus besteht darin, zwischen einstelligen Prädikationen (z. B.: ist ›blau‹), d. h. unmittelbaren Wahrnehmungsurteilen bezüglich »qualities of feeling«, und »intellectual concepts« als den eigentlichen begrifflichen Zeichen klar zu unterscheiden.[21] Nur im Falle der Letzteren kann es methodisch um experimentelle Kontrolle,[22] korrespondierendes Verhalten und das für die pragmatische Maxime entscheidende Handlungskriterium gehen, das nach der Möglichkeit seines Eintretens jetzt als letzte Instanz eines »would be« bezeichnet wird. Allein eine solche »*total* meaning of the predication«[23] genügt der pragmatizistischen Bedeutungsbestimmung, denn das *Würde-Sein* deckt alle möglichen Bedingungen, unter denen eine begriffliche Prädikation in Wahrheit gebraucht, d. h. verhaltensadäquat erfüllt werden kann, und zwar so, dass, wie bei naturwissenschaftlichen Gesetzen, auf »allgemeine Weise« (»in a certain general way«) solche Verhaltensweisen angegeben und erwartet werden können.[24] So wird das nominalistische Missverständnis vermie-

---

[20] Vgl. hier EP2, 400; SPP, 501 f.; Pragmatismus »is, in itself, no doctrine of metaphysics«, doch seine »ulterior and indirect effects« sind eine andere Frage.

[21] EP2, 401 f.; SPP, 503 f.

[22] Vgl. EP2, 400 f.; SPP, 502.

[23] EP2, 402; SPP, 504.

[24] SPP, 504; vgl. den von EP2 abweichenden Text in: *Collected Papers* 5.467 (im Folgenden zitiert als CP).

den, allein ein einzelnes Verhalten oder bestimmtes Handeln sei die Begriffsbedeutung, während Peirce auf der begrifflichen Allgemeinheit besteht, die letztendlich die *Realität* – und nicht nur ein empirisches Faktum – vertritt. Dieser Zusammenhang kann empirisch und begrifflich kontrollierend nur über Regelhaftigkeiten ermittelt werden (z. B. bedeutet der Begriff des ›Wirkungsquantums‹, dass nicht nur Max Planck, sondern alle Beteiligten wissen, was mit entsprechenden Gleichungen und Experimenten im Blick auf die Konstante *h* zu tun ist), weshalb jetzt auch die zuerst vorgenommene Ausgrenzung der qualitativen Wahrnehmung ihre eigentliche Begründung findet: Die begriffliche Überzeugungsbildung setzt kontrollierende, bewusste Allgemeinheit voraus, die qualitative Wahrnehmung dagegen ist sich selbst genug, in gewissem Sinne unbestreitbar, anders gesagt: ein *Glaube* in einer Tiefenschicht, die der Selbst- und Sachkontrolle nicht ohne Weiteres zugänglich ist.

James' Religionspsychologie[25] kann wohl als exemplarischer Fall dafür gelten, dass und wie die Methode des Pragmatismus einerseits zu einer neuartigen, einsichts- und gehaltvollen Beschreibung des religiösen Glaubens führt, die andererseits aber im Blick auf die darüber hinausgehende Allgemeinheit der Wahrheitsfrage in Schwierigkeiten gerät. James führt die pragmatische Maxime genau an der Stelle ein, an der er in den Vorlesungen XVIII bis XX auf die immer wieder verschobene Frage explizit zurückkommt, ob dem religiösen Glauben, über seine subjektive, gefühlsmäßige Intensität hinaus, auch ein objektiver Wahrheitsanspruch zuzugestehen sei. Jede Art von Metaphysik oder dogmatischer Theologie bleibt für James' Philosophie eines modernen Empirismus aber von

[25] W. James, *The Varieties of Religious Experience. A Study in Human Nature*, London 1902; ders., *Die Vielfalt religiöser Erfahrung. Eine Studie über die menschliche Natur*, übers. von E. Herms / C. Stahlhut, Frankfurt am Main 1997.

vornherein aus dieser Diskussion ausgeschlossen, und auf die begriffliche Allgemeinheit, wie Peirce' Pragmatizismus sie gerade fordert, will James unbedingt verzichten. Denn Intellektualismus und Rationalismus würden gerade den Vorrang des religiösen Glaubens wieder untergraben. Dieser kann und muss, wie es für alle Theorien zu gelten hat, sich dann allein praktisch begründen – in seinem »cash value« (»Barwert«), wie James sagt. Dass er in diesem Theorie-Praxis-Dilemma, dem drohenden Fehlschluss von praktischem Erfolg auf die Wahrheit des Begriffs, nun nicht hängenbleibt, sondern doch noch einen philosophischen Ausweg präsentieren kann, verdankt er Peirce' pragmatischer Maxime, die er, kurz nach dem Stichwort »cash value«, wie folgt einführt: »Beliefs, in short, are rules for action; and the whole function of thinking is but one step in the production of active habits.«[26]

Für den religiösen Glauben, wie ihn James als gefühlsintensive Erfahrung nachgewiesen hat, bedeutet das: Seine Unbedingtheit und Unbestreitbarkeit hat keine theoretische Rechtfertigung außer der, lebenspraktisch relevant zu sein. Die Kräfte des Unbewussten, wie sie im Glauben, im Gebet etc. zur Wirkung kommen, sind »unendlich viel stärker als ein Begriff« (»infinitely stronger than conception«).[27] Daraus zieht James aber nicht die Konsequenz, dass dieser Tiefenschicht von *beliefs* eine kategoriale Sonderstellung zukommt, die sich der begrifflichen Klärung durch die pragmatische Maxime entzieht, sondern er definiert seinen Pragmatismus ausdrücklich in der Doppelfunktion: gegen jede Theorie-, Begriffs- oder realistische Allgemeinheitsorientierung und für die gefühlsmäßige Wahrheitsinstanz der lebenspraktischen Bedeutung.

[26] James, *Varieties*, 444; *Vielfalt*, 436: »Überzeugungen sind, kurz gesagt, Regeln fürs Handeln; und die ganze Denktätigkeit ist nur ein Schritt bei der Ausbildung aktiver Gewohnheiten.«

[27] *Varieties*, 478; *Vielfalt*, 467.

Diese Verteidigung des religiösen Glaubens lässt so ihre eigene »Realität« entstehen, James spricht sogar von einem »Überglauben« und einem »Mehr« des Anteils am Universum, dessen allgemeiner Status aber durch keine Begrifflichkeit mehr eingeholt werden kann und darf.[28] Es bleibt nur die als pragmatistisch geltende Wendung: »God is real since he produces real effects.«[29]

Peirce' Pragmatizismus hätte diesen Satz nicht unterschreiben wollen, und das nicht, weil Gott keine realen Wirkungen zukämen, sondern, noch einmal, deshalb, weil dieser Realität entweder in der Tiefenschicht des religiösen Glaubens eine eigene Zugangsart zuerkannt werden muss, die sich der direkten wissenschaftlichen Methode entzieht, oder weil dieser Realität eine Begrifflichkeit korrespondiert, die dann allerdings der pragmatistischen Kontrolle unterliegt und insofern von allgemeiner und nicht nur gefühlsintensiver Bedeutung ist.[30] In beiden Punkten wird klar, dass die Differenz zwischen pragmatistischer Beschreibung funktionierender *beliefs* und pragmatizistischer Bestimmung der wahren Begriffsbedeutung darin liegt, wie Realität und ihre Zugänglichkeit eingestuft werden. Das ist religionsphilosophisch entscheidend, denn religiöse Gefühle, auch wenn sie empirisch nachweisbar und wirksam sind (so James), haben ihre allgemeine Berechtigung erst dann, wenn sie zur Erschließung und Bestimmung der Realität selbst gehören. Ihre Basis muss deshalb aber keineswegs in empirischer Wirkung gesucht oder auf diesem Weg gar bewiesen werden, sondern ihre Eigenständigkeit (so Peirce) liegt

---

[28] *Varieties*, 500–511; *Vielfalt*, 482–489.

[29] *Varieties*, 517; *Vielfalt*, 493: »Gott ist real, weil er etwas Wirkliches hervorbringt.«

[30] Peirce hat an späterer Stelle die Differenz zu James noch einmal so gefasst: James beziehe die pragmatistische Begriffsbedeutung auch auf Wahrnehmungen (»percepts«), d. h. »complex feelings«, während Peirce selbst sie auf »habits« beschränke; vgl. CP 5.494; SPP, 529.

gewissermaßen *vor* der wissenschaftlichen Methode und ist insofern auf sie beziehbar.

2. Der zweite Schritt zur kritischen Unterscheidung des Pragmatizismus besteht deshalb in der Einführung der dreistelligen bzw. dreiwertigen Kategorienlehre, in der die bisher genannten Differenzierungen ihren Ort finden. Sie wird eingeführt im Hinweis auf die (dreistellige) Relationenlogik, den chemischen Begriff der Wertigkeit und die entsprechenden Bindungsfähigkeiten von Prädikatsformen im Satz (wie A *gibt* B an C).[31] Diese formalwissenschaftlichen Ableitungen hier einmal als gültig vorausgesetzt, ist es die phänomenologische Plausibilität, auf die die drei Kategorien nicht zuletzt angewiesen sind.

Von den drei Kategorien – *Erstheit*, *Zweitheit*, *Drittheit* – war insofern schon die Rede, als die pragmatische Maxime ausdrücklich auf »intellektuelle Begriffe«, d.h. auf Drittheiten, bezogen werden sollte und nicht auf Wahrnehmungs- oder Gefühlsqualitäten, d.h. Erstheiten.[32] Dazwischen liegen die empirischen Reaktionsformen, d.h. Zweitheit, die im Experiment bzw. bei Handlungen ins Spiel kommen. Religionsphilosophisch (und metaphysisch[33]) aufschlussreich ist die unaufgebbare Basisstellung von Erstheiten, die hier als »positive innere Charaktere des Subjekts an sich« (»positive internal characters of the subject in itself«) gefasst werden.[34]

Die Formulierung »positive Charaktere« bezeichnet die Vorhandenheit von Eigenschaften, aber eben solche, die nicht empirisch (als Aktion-Reaktion im Sinne von Zweitheit) greifbar, sondern als »innere« *vor*-gegenständlich auftreten. Ihr

---

[31] Vgl. CP 5.469; SPP, 506f.; vgl. die Textvariante in EP2, 424–426.

[32] Vgl. Anm. 21.

[33] Vgl. in diesem Band Essay 3; M. SCHMUCK, *Peirces »Religion of Science«. Studien zu den Grundlagen einer naturalistischen Theologie«*, Tübingen 2014, Teil 2.

[34] CP 5.469, 322; SPP, 507.

Subjekt-Sein fällt mit ihrem Auftreten zusammen und dieses wiederum mit ihrer primären Wahrnehmung. Solche »inneren« und »an-sich«-Eigenschaften sind in ihrer Eigenheit *Gefühlsqualitäten*, und es ist in ›empirisch‹ denkenden Zeiten und Öffentlichkeiten ungewohnt, sich das einzugestehen. Denn diese ›primäre‹ Qualität ist so alltäglich wie dem erkenntnistheoretisch geprägten Bewusstsein verborgen: nämlich als Instanz *vor* der eigentlichen Objekterfahrung, denn diese setzt bereits mehr als eine Wahrnehmung voraus. Gefühlsqualitäten sind somit die Vorgabe alles Folgenden, so wie ein Blick, ein Augenblick (z. B. ein plötzlicher Lichtblitz) vor dem chronologischen Zeitverhältnis *etwas* qualitativ enthält, was dann erst auf Gegenstände auftrifft (z. B. Antennen, Spiegel, Körperreflexe etc.) und *als* etwas im Zusammenhang bestimmt werden kann (z. B. als Lichtmessung, Beleuchtung, Blendung etc.). Die Fülle der denkbaren Folgeereignisse zeigt, dass die primäre Qualität durch Möglichkeiten, Kreativität, Noch-nicht-Vorhandenes ›ausgestattet‹ gedacht werden muss; und gerade diese Eigenschaften sind als mögliche Wirklichkeiten, also als Realität *in futuro* einzustufen, sie sind in besonderer Weise Teil der Realität, nicht etwa bloß ausgedacht.

Man kann nun fragen, wie überhaupt mit solchen Erstheiten umzugehen ist, denn pur und als solche stehen sie ja in ständiger Spannung zu empirischen oder symbolischen Darstellungen, sind diesen inkommensurabel, obwohl sie aspektweise vermittelt freilich vorkommen. Religionsphilosophisch gesehen ist dies gerade der interessante Punkt, der auch erklärt, warum Peirce' Pragmatizismus immer wieder so umstandslos auf religiöse Darstellungsformen rekurrieren kann: Erstheiten haben in ihrer unvermeidlichen Vorgegebenheit auch den Charakter des *Unbedingten*,[35] und dessen Darstellung verlangt eine *indirekte Kommunikation*, weil der direkte Zugriff (im

[35] Vgl. H. Deuser, *Religionsphilosophie*, Berlin–New York 2009, § 1.4.

Sinne von Zweitheit und Drittheit, wie es vor allem die wissenschaftliche Verständigung gewohnt ist) ja fehlgehen muss. Es sind, wissenschaftlich gesehen, deshalb Philosophie, Kunst und Religion, die sich in diesem Übergangsbereich bewegen, wo die Mitteilungsform selbst zum Thema wird und zugleich existentielle und alltägliche Erfahrungen nicht übersprungen werden können. Vor allem Lebenskrisen zeigen die Ernsthaftigkeit, die in (philosophischen) Fragen nach dem Grund, in (ästhetischen) Fragen nach der Darstellung des Unmittelbaren und in (religiösen) Fragen nach der schöpferischen Liebe Gottes zum Vorschein kommt. Nach heute verbreitetem Wissenschaftsverständnis können alle drei Fragebereiche in objektivierende, einzelwissenschaftliche Beschreibungen überführt werden: Philosophie als Sprachlogik, Ästhetik als Kunstgeschichte, Religiosität als Religionswissenschaft. Doch wird dann die für Gefühlsqualitäten sachgemäße Aneignungssituation, das spezifische Verstehensproblem neutralisiert, was der Pragmatizismus mit Peirce' Insistieren auf der Erstheitswahrnehmung gerade nicht tut. Die nötige indirekte Kommunikation muss Sprach- und Denkformen riskieren, die den Bereich, in dem Wissen vorbereitet wird, aufschließen, weil von hier aus die direkte Kommunikation immer erst motiviert und vollständig bestimmt wird. Es sind, ganz allgemein gesprochen, die Übertragungsleistungen von *Metaphern*, die sich der Indirektheit stellen und verschrieben haben. Was schon zugänglich ist, dient dazu, in einem Bild das Unzugängliche, Unbekannte, Neue, Andere aufzuschließen. Der Regenbogen, sichtbar beeindruckend und bekannt, bringt Himmel und Erde zusammen und ist in seiner kosmologischen Bildkraft eine allererste Antwort auf die Frage nach dem Grund; er ist in der Farbabstimmung und in den Gegensätzen des Wetters erhaben und schön zugleich; er bringt die Schöpfung vertrauenerweckend nahe, wie es der Noahbund in Genesis 9,13–15 lebens- und überlebenssichernd einprägt: Chaos und Ordnung werden im Einklang stehen. Derart wirken Erstheiten in Tönen, Farben und Bildern, und das nicht nur vereinzelt. Sie treten auch in komplexeren Formen auf: als Tonqualität eines Orchesters, als Farbeindruck einer Komposition, als Bildkraft einer literarischen Szene. Kunst und Religion liegen so gesehen ineinander: Ihre Aufgabe und Absicht ist die Bearbeitung von Erstheiten als solchen, durch Übertragungsformen indirekter Kommunikation. Anders gesagt: Hier geht es um das Problem des Verstehens, das Arbeitsfeld der Hermeneutik, um die Welt der Künste, der Musik, der Literatur, um alle Darstellungsformen von Religiosität. Verstehen ist in all diesen Feldern der Beleg für die komplizierte Kommunikation von Erstheiten, die nur auf diesen Umwegen in ihrer kreativen Erschließungsfunktion manifest werden können. Der Pragmatizismus sieht und fördert diese (geisteswissenschaftlichen) Aufgaben, und das gerade ohne vom (naturwissenschaftlichen) Forschungsmodell, der Logik der Forschung und deren Zusammenhang von *belief* und Verhalten / Handeln abzuweichen.

3. Der Pragmatizismus im engeren Sinn, und darin liegt der dritte Schritt zu seiner Präzisierung, ergibt sich aus der Frage, wie Begriffsbildungen eigentlich beschaffen sein müssen, um der Realität von Verhalten entsprechen und wirkliches Handeln bestimmen zu können. Die Antwort besteht in der allgemein-semiotischen These, »dass jeder Gedanke ein Zeichen ist« (»that every thought is a sign«).[36] Genauer und unter Voraussetzung der dreigliedrigen Zeichenstruktur (Zeichen / Objekt / Interpretant) gesagt: Der »*Interpretant* eines Zeichens« (»the *interpretant* of the sign«)[37] ist dafür verantwortlich, dass es zu einem Bedeutungsgewinn im Blick auf kontrolliertes und konkretes Verhalten kommt. In einem Zeichenereignis wird

[36] CP 5.470; SPP, 508.
[37] CP 5.473, 325; SPP, 510.

somit die Brücke geschlagen über den sonst geheimnisvoll unerklärten Graben zwischen Denken und Wirklichkeit, denn Letztere wird sowohl in der Qualität des jeweiligen Zeichens wie in dessen Objektbezug präsent – aber eben nur dann und dadurch, dass beides zusammen und neu in eins genommen angeeignet, befolgt, gespürt, gedacht etc. wird, und diese dritte Leistung macht den Interpretanten eines Zeichen- bzw. Bedeutungsereignisses aus. Der Interpretant ist also, pragmatizistisch gesehen, die intellektuelle Bezugnahme auf eine Zeichen-Objekt-Konstellation, und zwar so, dass diese in gewisser (d.h. auch: ganz unterschiedlicher) Weise durch den Interpretanten vollzogen, eröffnet, beantwortet, gedacht etc. wird – kurz: mit genau bestimmbarem *Verhalten* (*habit*) verbunden wird, letzten Endes einem Verhalten, das eintreten *würde*.[38]

Religionsphilosophisch angewandt muss zunächst die Sonderstellung religiöser Zeichen-Objekt-Konstellationen beachtet werden, die als Gefühlsqualitäten in spezifischer Kommunikation in der Regel keine empirischen Objektreferenzen, sondern metaphorisch zugängliche Gegenstände suchen. Zur Taufe gehört zwar empirisches Wasser, aber es wird als Zeichen (Untertauchen, Abwaschen etc.) bezüglich eines Objekts (Sterben und Auferstehen) interpretiert (Gnade des persönlichen Glaubens), so dass dieser übertragene Sinn verhaltensbildend wirkt und so begrifflich erfüllt werden kann. Insofern gehen nun doch religiöse Erstheiten, ermöglicht durch die semiotische Brückenfunktion, in die pragmatizistische Bedeutungslehre ein. Peirce hat das im Manuskript von 1907 am Ende als metaphysisches Grenzproblem nur noch erwähnt und dabei den Gottesglauben mit dem »Instinkt des Vogels zu fliegen« (»an instinct, like a bird's power of flight«) verglichen.[39] Damit scheint hier immer noch eine Trennung zwischen eigentlicher

[38] Vgl. Anm. 23; vgl. auch CP 5.494, 343 f. (= EP2, 419); SPP, 530.
[39] EP2, 421; SPP, 532.

Wissenschaft und ihrem (erstheitlich-instinktiven) Vorbereich im Spiel zu sein, den Peirce dann im »Neglected Argument« von 1908 so nicht mehr wiederholt. Die genannte Passage von 1907 ist aber für sich schon interessant genug, und wie so oft kommt der Rekurs auf den religiösen Glauben massiv und plötzlich, vom Kontext scheinbar unmotiviert, und doch als genuiner Teil, hier des Pragmatizismus:

For those metaphysical questions that have such interests [sc. human interests, practical consequences], – the question of a future life and especially that of One Incomprehensible but Personal God, not immanent in but creating the universe, – I, for one, heartily admit that a Humanism that does not pretend to be a science but only an instinct, like a bird's power of flight, but purified by meditation, is the most precious contribution that has been made to philosophy for ages.[40]

(a) Zum Pragmatizismus gehören *metaphysische Fragen*, weil über die kategoriale Semiotik methodisch ein Weg beschreibbar wird, Realität im »psycho-physischen Universum« (»psycho-physical universe«) zu bestimmen. Das ist eine neue Ableitung aus »Erkenntnislehre«[41] und Logik, die gemäß Peirce' Klassifikation der Wissenschaften den metaphysischen Fragen vorgeordnet sind. Darüber hinaus aber sind es Fragen von praktischem (Lebens-)Interesse, die als metaphysisch relevant zugelassen sind. Das kann aber nicht so verstanden werden, als bürge das praktische Interesse für die Wahrheit von Sät-

---

[40] EP2, 420f.; SPP, 532: »Hinsichtlich jener metaphysischen Fragen, die von solchem [sc. humanen, praktischen] Interesse sind wie die Frage eines zukünftigen Lebens und besonders die nach dem einen unerkennbaren, aber persönlichen Gott, der nicht im Universum immanent ist und es doch ständig erschafft, gestehe ich z. B. aufrichtig ein, dass ein Humanismus, der nicht vorgibt, eine Wissenschaft zu sein, sondern nur ein Instinkt wie das Vermögen des Vogels zu fliegen, allerdings durch Meditation gereinigt, der wertvollste Beitrag ist, der der Philosophie seit langem gemacht worden ist.«

[41] Ebd.

zen über Gott und jenseitiges Leben, wie James es darstellen würde. Für den Pragmatizismus bedarf es hier der Zwischenstellung von Semiotik, wie gezeigt, und Kosmologie, die den Umgang mit Erstheiten regeln. Dass hier auch die Kosmologie (oder *evolutionäre Metaphysik*) von Belang ist, zeigen der Rückgriff auf den Instinkt und das Vogel-Beispiel.

(b) Die (evolutionäre) *Kosmologie* gehört zum Pragmatizismus, sofern die primäre Qualität in Semiotik und Kategorienlehre auf das faktische und Erklärung verlangende Zusammenspiel von Zufall und Regularität des Universums abgebildet wird. Erstheit wird hier als ursprüngliche Kreativität gefasst, Drittheit als die auch in der Natur spontan auftretenden Interpretanten, z. B. als »instinktive Ideen« (»instinctive ideas«) bei Tieren und Menschen im Rang von »Vermutungen« (»conjectures«),[42] die insofern der pragmatischen Maxime im semiotisch gefassten Sinn entsprechen.[43] Die Hypothese eines kreativen und – in einzelnen Zügen – verständlichen Universums hat also ihren realen Grund in den semiotischen Vollzügen, zu denen instinktives Vermuten ebenso gehört wie primäre Gefühlsqualitäten. Diese naturalistische Sicht gilt in gleicher Weise für religiöse Interpretationen von primären Qualitäten, und es ist die pragmatizistische Sicht der auf Abduktionen, Konjekturen und instinktive Begriffsbildungen angewiesenen Forschungslogik, mit der auch im »Neglected Argument« die Begründung für die berechtigte Kommunikation religiöser Erstheit vorgetragen wird.[44]

(c) Wiederum ganz anders als James geht es Peirce gerade um den *persönlichen Gott*, und auch hier ist es die kategoriale

---

[42] CP 5.480; SPP, 517.

[43] Zur Diskussion der Frage, ob es bei Peirce eine semiotische Ableitung der Kosmologie gibt, vgl. SCHMUCK, *Peirces »Religion of Science«*, Kap. 4.3.

[44] EP2, 443 f.; vgl. C. S. PEIRCE, *Religionsphilosophische Schriften*, hg. von H. DEUSER, Hamburg 1995 (im Folgenden zitiert als RS), 347 f.

Semiotik, die den Pragmatizismus von der bloßen Beschreibung praktischer Relevanz deutlich abhebt. Denn eine Person ist eine Zeichenrelation *in actu*, ein geistiges Geschehen mit kreativer Qualität und Selbstbezug – und was anthropologisch gilt, ist, mit der Zwischenstellung der evolutionären Kosmologie, auch religionsphilosophisch wahr: Die ursprüngliche Kreativität des Universums muss personal und nicht der Endlichkeit immanent gedacht werden (und ähnlich wäre der Gedanke des *zukünftigen Lebens* zu begründen). Das allerdings kann nicht Gegenstand induktiver oder deduktiver Beweise sein (darin sind James und Peirce ganz einig); das Argument besteht vielmehr in der Eigenwilligkeit des spezifischen Erstheitsphänomens, das hier als Schöpferglaube bezeichnet werden kann. Dieser kann nicht gemacht, gewollt oder als solcher begründet werden, sondern er stellt sich in Erfahrungssituationen ein wie ein Instinkt, der der Verstandesleistung immer vorausgeht – und insofern von theoretischer wie praktischer Relevanz ist.

(d) Wie schon das Vogel-Beispiel sich wie ein Vorblick auf das »Neglected Argument« liest, so auch das Stichwort der *Meditation*, genauer: »durch Meditation gereinigt«. Denn der primäre Umgang mit Erstheit als solcher kann nur spielerisch-meditativ erfolgen, im Zustand der »Versonnenheit« (»Musement«),[45] und dieser Zustand ist subjektiv konzentriert und objektiv kritisch hinhörend zugleich, um der abduktiven / instinktiven Erschließung vorurteilsfrei eine Chance zu geben. Hier allein liegt die erfahrungsmäßige Verankerung des Schöpferglaubens, die nicht demonstriert, sondern nur nahegelegt werden kann. Sie ist – angesichts von Kreativität und Regularität des Universums – überzeugend und unwiderstehlich in sich selbst, so wie kategorial-semiotisch Erst-

---

[45] Vgl. EP2, 436–438; RS, 332–334 (»Ein vernachlässigtes Argument für die Realität Gottes«).

heitswahrnehmungen nun einmal sind. Aber sie können fehlgreifen, täuschen, gerade nicht vorurteilsfrei spielerisch sein, kurz: sie müssen »gereinigt«, durch Übung und Konzentration wirklich frei werden. Das ist ein gar nicht selbstverständlicher Prozess, und es ist Aufgabe und Herausforderung der Religionen, sich dieser Arbeit zu stellen. So hat der durch Meditation geschenkte abduktive Schluss auf den Schöpferglauben in den verschiedenen Religionen jeweils seinen Kontext, aber in diesem und im Vergleich der verschiedenen Darstellungsformen auch einen jeweiligen Stand der Artikulation, einen Entwicklungsstand des religiösen Materials, der kritikfähig macht und Prozesse der ›Reinigung‹ ermöglicht. Die Schöpfung *ex nihilo* und die personale Gottesvorstellung haben so ihren religionsgeschichtlichen Index, aber auch ihren systematisch-religionsphilosophischen Rang, an dem andere Vorstellungen gemessen werden können.

(e) Das philosophische Lob des Lebensinteresses und des *Humanismus* wirken im Manuskript von 1907 allerdings noch zweischneidig, so als würde die Philosophie von F.C.S. Schiller, worauf dieses Stichwort sich hier bezieht,[46] doch besser aus der wirklichen Wissenschaft, d.h. dem Pragmatizismus, herausgenommen. Wie gezeigt besteht der Pragmatizismus aber in Sachen Religion gerade nicht in der Abtrennung der Darstellung von Erstheiten als solchen, sondern kalkuliert deren Rang, Geltung und Funktion. Was Peirce als »Beweis« seines Pragmatizismus vorführt (die »would-be«-Referenz von Interpretanten, beschreibbar als »habits«), bedarf an seiner ersten Stelle der »immediate perception«,[47] die zwar kein begriffliches Zeichen, kein kontrollierter Gedankengang sein kann, aber als deren Ausgangsbasis kategorial-semiotisch unvermeidlich ist.

---

[46] Vgl. EP2, 419 f.; RS, 529 f.

[47] Vgl. die Rekonstruktion des Beweises durch N. Houser, den Herausgeber des zweiten Bandes von *The Essential Peirce*, ebd., xxxiv f.

Insofern gehören Lebensinteresse, Kunst und Religion zum Pragmatizismus, seiner Prüffähigkeit und Handlungsbeziehung, aber eben als deren ganz prinzipielle Voraussetzung zur Erschließung und zum Verstehen dessen, was keinem Gedanken, keiner Idee und keinem Begriff fehlen darf: die geschenkte Gefühlsqualität eines personalen und vertrauensvollen Zusammenhanges – *et hoc omnes intelligunt Deum*.

Nachweise

Essay 1
»Warum haben nur Menschen Religion? Über Zeichen der Evolution, Bilder der Kultur und Symbole des Geistes«.
Zuerst erschienen in: CHR. POLKE et al. (Hg.), *Niemand ist eine Insel. Menschsein im Schnittpunkt von Anthropologie, Theologie und Ethik. Festschrift für Wilfried Härle*, Berlin–Boston: De Gruyter 2011, 205–218.

Essay 2
»Ereigniszeit. Kosmologien philosophisch-theologisch«.
Vortrag, gehalten auf der Konferenz »Zeit und Evolution. Interdisziplinäre Zugänge zur Anthropologie« unter der Leitung von Gerald Hartung am Hanse-Wissenschaftskolleg Delmenhorst, 24.–26. November 2011. Erscheint auch in: G. HARTUNG (Hg.), *Ordnungen und Rhythmen der Zeit in Natur und Kultur*, Heidelberg: Springer 2014.

Essay 3
»›… das ganze Universum des Seienden …‹. Über alte und neue Metaphysik im Blick auf die Theologie«.
Zuerst erschienen in: I. U. DALFERTH / A. HUNZIKER (Hg.), *Gott denken – ohne Metaphysik? Zu einer aktuellen Kontroverse in Theologie und Philosophie*, Tübingen: Mohr Siebeck 2014, 1–17.

Essay 4
»Wunder als Zeichen der Realität«.
Zuerst erschienen in englischer Übersetzung unter dem Titel:

»Marvels, Miracles, Signs and the Real. Peirce's Semiotics in Religion and Art«, in: St. Alkier / A. Weissenrieder (Hg.), *Miracles Revisited. New Testament Miracle Stories and Their Concepts of Reality*, Berlin–Boston: De Gruyter 2013, 377–390.

Essay 5
»Objektiver Idealismus«.
Zuerst erschienen in: M. Pietsch / D. Schmid (Hg.), *Geist und Buchstabe. Interpretations- und Transformationsprozesse innerhalb des Christentums. Festschrift für Günter Meckenstock zum 65. Geburtstag*, Berlin–Boston: De Gruyter 2013, 209–224.

Essay 6
»Naturalistische Motive in Tillichs Geist-Theologie«.
Zuerst erschienen in: *Internationales Jahrbuch für die Tillich-Forschung*, Bd. 7: *Theologie und Naturwissenschaft*, Berlin–Boston: De Gruyter 2012, 175–193.

Essay 7
»Pragmatische oder pragmatizistische Religionsphilosophie?«
Vortrag, gehalten auf der Konferenz »Pragmatismus und Religionstheorie« am Max-Weber-Kolleg, Erfurt, 16.–18. Februar 2012. Erscheint auch in englischer Übersetzung unter dem Titel »Pragmatic or Pragmatist / Pragmaticist Philosophy of Religion?«, in: *The Varieties of Transcendence. Pragmatism and the Theory of Religion*, New York: Fordham University Press 2014.

Personenregister